LES VACANCES
DE CAMILLE

SCÈNES DE LA VIE RÉELLE

PAR

HENRY MURGER

NOUVELLE ÉDITION

PARIS

MICHEL LÉVY FRÈRES, ÉDITEURS

RUE VIVIENNE, 2 BIS, ET BOULEVARD DES ITALIENS, 15

A LA LIBRAIRIE NOUVELLE

—

Droits de reproduction, de traduction et de représentation réservés

A
MON AMI CHAMPFLEURY

COLLECTION MICHEL LÉVY

ŒUVRES COMPLÈTES
D'HENRY MURGER

ŒUVRES COMPLÈTES
DE
HENRY MURGER

Publiées dans la Collection Michel Lévy

LE DERNIER RENDEZ-VOUS..	1 vol.
LE PAYS LATIN..	1 —
SCÈNES DE CAMPAGNE...	1 —
LES BUVEURS D'EAU..	1 —
LES VACANCES DE CAMILLE...	1 —
LE ROMAN DE TOUTES LES FEMMES............................	1 —
PROPOS DE VILLE ET PROPOS DE THÉATRE..................	1 —
SCÈNES DE LA VIE DE JEUNESSE..................................	1 —
SCÈNES DE LA VIE DE BOHÈME....................................	1 —
LE SABOT ROUGE..	1 —
MADAME OLYMPE..	1 —

LES NUITS D'HIVER

Poésies complètes, 2me édition, un volume grand in-18

BALLADES ET FANTAISIES

Un volume in-32

THÉATRE
Format grand in-18 jésus

LA VIE DE BOHÈME, comédie en cinq actes.
LE BONHOMME JADIS, comédie en un acte.
LE SERMENT D'HORACE, comédie en un acte.

CLICHY. — Impr. MAURICE LOIGNON et Cie, rue du Bac-d'Asnières, 12.

LES
VACANCES DE CAMILLE

SCÈNES DE LA VIE RÉELLE

I

Théodore Landry avait vingt-trois ans, l'enthousiasme de son âge, une inébranlable volonté, et la conviction certaine qu'il réussirait un jour. Ce jour bienheureux qui devait faire sortir son nom des ténèbres de l'anonyme, il l'attendait avec la tranquillité d'un créancier possesseur d'un billet signé par un débiteur solvable. — Le temps est l'outil que l'homme reçoit pour faire son œuvre, disait-il quelquefois, la patience en est le manche. — Cette sécurité ne lui était pas inutile pour résister au découragement qui se glisse souvent entre l'art et l'artiste. Si Théodore avait de l'orgueil, il n'en faisait qu'un usage sain, et seulement à dose limitée, comme le voyageur fatigué s'arrête un moment et porte à ses lèvres la gourde qui contient un cordial fortifiant, où il puise de nouvelles forces, ayant soin de ne pas la vider, sachant qu'au fond il trouverait l'ivresse.

L'expérience lui faisait sagement éviter toute occasion de se mêler aux puériles discussions de systèmes et d'écoles. Il avait fréquenté pendant quelque temps une société d'équivoques aventuriers de l'art, esprits parasites vivant pour la plupart de l'idée d'autrui, cerveaux creux arrêtés par l'idiotisme à mi-chemin de la folie, médiocrités anonymes formant entre elles une espèce de franc-maçonnerie de la malveillance; mais il s'éloigna bien vite de ce groupe d'oisifs en reconnaissant que leurs débats n'étaient que la lutte des vanités individuelles qui se remuent dans les bas-fonds de l'impuissance. Vivant à l'écart de l'esthétique des estaminets, ces ruches de mouches à fiel, il faisait naïvement de la peinture naïve, n'ayant d'autre souci que de se satisfaire lui-même, ce qui n'était pas toujours facile. Quand il avait terminé une toile, il ne se préoccupait pas de l'influence qu'elle pourrait exercer sur les progrès de la civilisation contemporaine ou future, mais il se donnait beaucoup de mal pour la vendre très-bon marché à des spéculateurs qui avaient plus d'écus que de probité commerciale. Il vivait donc ainsi au jour le jour, insoucieux du lendemain, comme il est permis de l'être à son âge et quand on possède la santé, la liberté et l'espérance, — trois trésors. Ses mœurs étaient celles d'un homme qui vit sous l'ardente latitude de la jeunesse. Oubliant qu'un homme jeune et sans passions est semblable au figuier stérile des livres bibliques, les hypocrites les eussent peut-être trouvées reprochables, mais le sage en eût souri en évoquant ses souvenirs. Théodore avait de l'esprit, non pas l'esprit agressif si vanté de nos jours, qui consiste à faire rire neuf personnes aux dépens d'une dixième, mais la bonne humeur enjouée qui fait rire tout le monde sans blesser personne. S'il avouait volontiers ses défauts, pour lesquels il était fort indulgent, il étendait cette indulgence aux défauts des autres. Bon camarade, il était meilleur ami ; attaquer l'un des siens, c'était le blesser lui-même. Ce qu'il aimait le mieux après la peinture, c'était le beau temps et sa maîtresse, qui n'était pas toujours la même; ce qu'il détestait le plus, c'étaient les dettes et les envieux.

Physiquement, il n'était ni bien ni mal : on ne se retournait pas pour le voir, mais on ne se détournait pas quand on l'avait vu. Sa figure annonçait un garçon intelligent et loyal, il tenait les promesses de sa figure. Théodore n'avait pas de parents, mais seulement un parrain, qui était éleveur de bestiaux en Normandie. Ce brave homme servait volontairement à son filleul une petite rente de deux cents francs, et lui envoyait, pour faire réveillon à la Noël, une couple de jambons fumés, quelques aunes de boudin et une demi-pièce de cidre pour arroser le tout. Deux fois par an, il passait à Paris pour affaires et descendait chez Théodore. Lorsque c'était une dame qui venait lui ouvrir la porte, il ne se montrait pas scandalisé et murmurait entre ses dents un « je connais ça, » qu semblait gros de confidences. Il emmenait alors le *ménage* dîner dans un restaurant de la rue Montorgueil dont le chef était un de ses anciens amis. On y mangeait bien, on y buvait mieux. Après le dîner, son plaisir était d'aller en voiture suspendue et de se faire conduire dans un bal où il y aurait beaucoup de lumières. Il faisait danser la *filleule* du moment, et, si elle était jolie, il lui proposait tout bas de rendre la politesse à ses écus. A chacun de ces voyages, le père Bonnereau (c'était son nom) payait l'hospitalité que lui offrait l'artiste en lui achetant un petit tableau, à la condition que le prix ne dépasserait jamais la somme prise au hasard et d'une seule poignée dans la poche où il mettait sa monnaie blanche. « Et tant mieux pour toi s'il y a du jaune ! » disait-il à son filleul. Mais une fois ce singulier marché conclu, il se rappelait toujours qu'il n'y avait pas assez de place dans sa malle pour emporter le tableau, et il priait Théodore de le garder pour le lui revendre, de la même manière, à un prochain voyage.

La subvention de Normandie ajoutée au produit de sa peinture, Théodore pouvait annuellement réaliser une recette de huit ou neuf cents francs. Le problème à résoudre était de restreindre les besoins à la proportion des ressources : c'est ce qu'on appelle en économie politique équilibrer le budget. Il y avait bien des jours où la solution offrait des difficultés, surtout depuis que Théodore avait pris le parti de renoncer à la dette, prétendant qu'on est mal assis sur une chaise dont les bâtons sont aux mains des huissiers. Cependant, comme on n'était pas encore arrivé à cette époque d'existence difficile où les propriétaires songent à faire payer un loyer aux hirondelles, l'artiste parvenait à vivre du peu qu'il avait; mais on doit supposer que la carte de ses folies de jeune homme n'était pas bien variée. La lecture et la promenade composaient ses distractions avec l'amour, qui n'en quittait jamais le répertoire.

Cependant, à l'époque où commence ce récit, Théodore venait de se rendre libre, en écrivant à l'héroïne d'un petit roman de carnaval ce laconique billet de rupture, sablé avec la poussière du mercredi des cendres : « Chère enfant, la fantaisie est un terrain auquel il faut demander des roses, mais non des immortelles. » La chère enfant savait lire et comprit que c'était un congé. Elle voulut du moins en donner le reçu elle-même. — Si vous aviez voulu, dit-elle à Théodore, avec le temps notre plaisir aurait pu devenir du bonheur.

— Mais avec le temps, avait-il répondu, ce bonheur aurait pu devenir un regret.... Ne vaut-il pas mieux le plaisir qui s'en va sans laisser la tristesse?

— Ni le souvenir, murmura la petite en pleurant une larme sincère.

Elle roula au long de sa joue et s'y arrêta, enchâssée comme une perle dans une fossette rose. L'artiste la sécha par un dernier baiser, et conduisit la fugitive en face d'un miroir où elle attifa ses jolis chiffons, pareille à l'oiseau qui se sait voyageur, et, prêt à changer de nid, secoue ses ailes avant de les ouvrir au vent du passage.

Tel était le dénoûment ordinaire des aventures de Théodore toutes les fois qu'elles menaçaient de prendre dans sa vie plus de place qu'il ne voulait leur en accorder. Cette façon d'agir n'était point le résultat d'un matérialisme brutal. Il passait, au contraire, pour un raffiné de sentiment; mais à la suite d'un premier choc, toujours très-rude, avec ce qu'on appelle un amour sérieux, il avait pris le parti de se maintenir dans cette région tempérée de la passion qui est à la passion ce que le climat de la Provence est à celui de l'Afrique, milieu doux et favorable aux cœurs blessés, comme le sont pour les malades ces contrées heureuses où l'ombre est tiède sans que le midi brûle. Théodore avait donc imaginé de régler l'atmosphère de ses liaisons sur un thermomètre moral où l'échelle de degrés était figurée par des symptômes dont les variations étaient assidûment surveillées. Ainsi, par exemple, lorsque après une bouderie il reconnaissait avoir eu tort et réclamait son pardon dans quelques lignes au bout desquelles il y avait une rime et pas de sens commun, le thermomètre indiquait *poésie* — ou *chaleur douce*. Si on se faisait attendre à un rendez-vous donné, et qu'il surprît dans sa poitrine un mouvement précipité faisant un écho trop fidèle au mouvement de la pendule indiquant le retard, le thermomètre marquait *impatience* — ou *serres chaudes*. Si, le travail ne suffisant pas pour faire oublier l'ennui de l'attente, le pinceau de Théodore tremblait dans sa main, et s'il allait de la porte à la fenêtre et de la fenêtre à la porte, cela signifiait *trouble, inquiétudes* — ou *chaleur des bains*. Lorsqu'il entendait enfin et reconnaissait de trop loin le bruit d'une bottine familière avec les marches un peu raides de l'escalier, s'il allait ouvrir la porte bien avant qu'on y eût frappé, attiré comme par un aimant au-devant de sa maîtresse, et que sa présence parût répandre autour de lui une atmosphère plus respirable, ces symptômes annonçaient le commencement des *émotions vives*, degré correspondant sur son échelle thermométrique à la chaleur des *vers à soie*. Mais s'il analysait avec trop de subtilité les raisons qu'on lui donnait pour justifier le retard; si, à la première parole de sa maîtresse, encore essoufflée par une ascension quasi perpendiculaire, il répondait par un interrogatoire, et à sa première caresse par une inquisition qui la scrutait de l'agrément de son chapeau à la poussière de son brodequin; s'il remarquait sa nouvelle coiffure, exhalant un nouveau parfum dont l'odeur l'énervait; s'il fouillait sa pensée du regard, n'osant pas fouiller ses poches, et si, malgré lui, sans cause connue, il provoquait des explications ayant une querelle pour finale, le thermomètre sautait brusquement et s'élevait au *soupçon*—ou *chaleur du Sénégal*. C'est alors que Théodore songeait à se mettre à l'ombre. Une maîtresse, pour qu'il la conservât longtemps, devait renoncer à tous les instincts oppresseurs qui dominent la femme. Camarade en même temps qu'amie, il aimait à la voir marcher parallèlement dans son existence, mais il l'en éloignait aussitôt qu'elle essayait de s'y confondre. Au reste, il agissait avec une grande loyauté, affichant son programme dès le début et ne demandant pas plus qu'il n'offrait lui-même.

II

Un soir Théodore était entré dans un cabinet de lecture, où il était abonné, pour y prendre un roman très-couru qu'on lui avait promis depuis plusieurs jours. Les deux premiers volumes n'étaient pas encore rentrés. — C'est une personne du voisinage qui les a, lui dit la dame assise au bureau, et elle a l'habitude de garder les livres très-longtemps. J'irai chercher moi-même ce roman, et je vous l'enverrai demain matin.

— Ce ne sera pas la même chose, dit Théodore; j'avais arrangé ma soirée pour lire.

Ce puéril désappointement suffisait pour le rendre maussade, car il était de cette race de gens dont le désir tyrannique veut être obéi sur l'heure. Il allait sortir, lorsque la porte du cabinet s'ouvrit. Une jeune femme, ayant la mine éveillée d'une soubrette, entra et déposa sur le bureau deux volumes dont elle demandait à emporter la suite. — Priez donc votre maîtresse de me la renvoyer bien vite, lui dit la dame qui tenait le salon. Voici monsieur, ajouta-t-elle en désignant Théodore, qui attend ces livres depuis plusieurs jours.

— Eh bien! répondit la soubrette, monsieur n'attendra pas ceux-ci autant, car j'ai entendu dire à madame que ce roman l'intéressait beaucoup, et qu'elle passerait la nuit à le lire.

Elle sortit, et Théodore derrière elle. Comme il frappait à la porte de sa maison, il crut remarquer qu'elle s'arrêtait deux portes plus loin. Rentré chez lui, l'artiste alluma sa lampe et se mit au lit, après avoir garni sa table de nuit de tous les objets qui pouvaient être nécessaires à sa veillée, tels que tabac, papier à cigarettes, allumettes, etc., car, poussant son impatience jusqu'à la manie, il lui était insupportable de se déranger d'une occupation pour aller chercher à deux pas de lui une chose dont il avait besoin.

Il lut entièrement et sans s'arrêter le premier volume du roman. C'était une de ces œuvres dont se passionnait il y a une quinzaine d'années la portion du public qui aime à se laisser entraîner dans les récits de l'imagination. Venu à son heure (le plus grand bonheur qu'on puisse souhaiter à un livre), celui-ci avait obtenu un de ces succès qui, à Paris, dominent tous les événements. La vogue, cette puissance des choses futiles, en avait acclamé le titre en tout lieu. Tous les lecteurs en conviaient les héros à leur table; ils les emmenaient bras dessus bras dessous dans leur famille, au milieu de leurs affections, jusqu'au centre de leurs intérêts. Des gens qui ne se connaissaient pas s'abordaient pour en parler, en faisant un prétexte pour échanger leurs impressions et quelquefois leur carte, car ce livre soulevait des tempêtes à cette époque, où il existait encore en France un reste d'enthousiasme et de passion pour toute chose qui avait touché à l'idéal ou s'en était approchée; l'intérêt de l'existence ne tournait pas seulement alors dans le diamètre d'un écu, et toute la curiosité autour d'un petit scandale inédit.

Théodore ne discutait pas l'émotion à qui voulait la lui donner. Pris au collet par un narrateur habile, il se laissait conduire docilement, livrant son attention, son esprit et son cœur, son sourire et même ses larmes. Le premier tome achevé, il commençait le second, lorsqu'il trouva entre deux feuillets du premier chapitre un papier fin, lisse, embaumé, et couvert de petites pattes de mouches surchargées de ratures. Il n'y prit pas autrement garde sur le moment, et continua la lecture bien plus intéressante de son roman. Arrivé à la fin du second volume, le héros auquel il avait donné son affection se trouvait suspendu, dans un équilibre assez douteux, sur le bord d'un précipice moral. Aussi l'incertitude de Théodore était-elle arrivée à son comble. Il avait presque envie d'aller au cabinet de lecture chercher la suite; mais il était deux heures du matin, et la réflexion lui vint que cette suite était entre les mains d'une lectrice de son voisinage. Sa lecture prolongée et fiévreuse lui avait ôté l'envie de dormir; ce fut alors qu'il songea au griffonnage d'apparence féminine qui lui était tombé sous les yeux quand il avait ouvert le second volume. Il s'aperçut, en le prenant dans les mains, qu'il avait déchiré une bande de papier pour allumer une de ses cigarettes. Le commencement de la lettre ou du brouillon de lettre ayant été brûlé, la personne qui l'avait oubliée entre les pages du roman, si elle s'apercevait de cet oubli et qu'elle fît redemander ce papier, rempli peut-être de choses intimes, devrait nécessairement supposer que ses confidences étaient tombées sous les yeux d'un étranger. Tel fut le raisonnement à l'aide duquel Théodore se persuada que son indiscrétion était vénielle : — Puis, conclut-il, je voudrais bien la voir à ma place.

La lettre avait, du reste, un aspect provoquant la curiosité, on eût dit que les caractères remuaient

sous le regard. Théodore se mit donc à lire, non sans
difficulté d'abord, car l'écriture était irrégulière et
confuse, tantôt fine et serrée, tantôt plus grosse et
largement espacée, mais distinguée toujours. C'était,
à coup sûr, une main sachant tenir une plume qui
avait tracé cette lettre, et ce n'était point un esprit
vulgaire qui l'avait dictée. Sous la phrase négligée ici,
presque élégante en d'autres endroits, partout grammaticalement correcte, la pensée semblait vivre avec
des intermittences d'esprit et de sentiment. Il fallait
peu d'observation pour remarquer que cette lettre
n'avait point été écrite d'un seul jet, l'encre, plus ou
moins foncée, indiquant les endroits où elle avait dû
être quittée et reprise. Ces interruptions étaient fréquentes. Un examen attentif aurait pu reconnaître
quel en avait été le motif, et deviner sous quelle
impression le billet avait été suspendu et continué.
Comme il en avait étourdiment brûlé les deux premières lignes, Théodore dut procéder par analogie
pour reconstruire le commencement, opération facile
du reste, les lignes suivantes étant celles-ci : «... Et
comme tu te plains, entre autres choses, de ne plus
pouvoir déchiffrer mon griffonnage, j'épuise ma papeterie à faire des brouillons, et je m'applique avec autant de soin que si je devais concourir pour un prix
d'écriture. Tu recevras cette fois une épître aussi

clairement lisible qu'un pétition qui demande de l'argent ; mais, entre nous, mon ami, il fut un temps où l'écriture de ton humble servante t'était plus familière, et je me souviens d'un certain billet que tu sus fort bien lire malgré ta myopie et la presque obscurité ; *il est vrai que l'Amour te prêtait son flambeau,...* et qu'à présent tu n'as plus que ton binocle. Je te dis là des bêtises, mais elles tiennent de la place. »

A ce paragraphe succédaient deux ou trois lignes complétement surchargées. Théodore essaya vainement de percer la couche d'encre ; il ne put y parvenir et reprit sa lecture :

« Tu me dis que tu t'ennuies, mon ami, et que la société au milieu de laquelle tu te trouves en ce moment est assommante. C'est peu respectueux pour ta famille et pour ses invités. Si j'étais plus égoïste, je pourrais me plaindre que ton éloignement de moi, bien prolongé, ne fût pour rien dans l'ennui que tu éprouves. Ce qui me fâche un peu plus que cet oubli, ce sont les singulières suppositions que te suggère l'emploi de mon temps pendant ton absence. — Toi qui es à Paris, me dis-tu, tu dois ne pas manquer d'occasions de te distraire ! — Qu'est-ce que cela signifie ? Je ne veux pas comprendre, dans la crainte d'être obligée de t'adresser des reproches. Je suis dans

Paris, il est vrai, mais non pas à Paris. Ma vie est renfermée dans un horizon restreint d'habitudes uniformes, dont la meilleure est de penser à toi. Il n'y a guère que ton ami Maurice qui vienne de temps en temps me visiter dans mon isolement. Ma femme de chambre croit qu'il me fait la cour; mais tu ne le crois pas, ni moi non plus, et Maurice encore moins. C'est un charmant garçon, et j'aime à entendre son coup de sonnette, parce que sa présence est un écho de la tienne, et que lorsqu'il me trouve triste, il apporte de la gaieté pour deux. Je lui ai emprunté son bras pour aller à la promenade, mais je crois m'être aperçue que cette complaisance lui était coûteuse à plusieurs titres : il a une maîtresse à laquelle il ne donne pas, comme quelqu'un de ma connaissance, trois mois de vacances, et il ne veut pas risquer d'être rencontré avec une femme par sa miss Tempête. En outre, Maurice n'est pas riche, comme tu le sais, et, comme tu le sais encore, j'ai la déplorable habitude d'avoir la promenade ruineuse. Mon désir touche-à-tout a occasionné quelques dépenses à cet aimable garçon, et je le regrette maintenant, car, lui ayant demandé l'autre jour l'heure qu'il était pour régler ma pendule, il a dû m'avouer que sa montre s'était arrêtée... rue des Blancs-Manteaux. Au reste, il va s'envoler aussi sous les arbres. J'ai trouvé avant-hier sa carte d'adieu. Me voici donc seule, Pénélope sans prétendants, toute seule avec ma tapisserie (un joli vide-poche où vous cacherez vos correspondances clandestines avec les belles dames.... monstre!). »

Ici une nouvelle rature de quelques mots; mais la surcharge était moins opaque, et il sembla à Théodore que l'encre avait été lavée par une espèce de corps liquide faisant tache. Il crut pourtant déchiffrer les mots *tristesse, autrefois* et *avenir*. La phrase terminant le recto du premier feuillet était ainsi conçue :

« J'ai marqué avec une croix sur mon almanach tous les jours qui se sont passés depuis ton départ : il y aura bientôt une échéance de lettre de change. Et à ce propos j'ai payé avec les fonds que tu m'as adressés celle que tu avais eu l'imprudence de signer sans m'en prévenir. J'espère bien que tu ne recommenceras pas ces folies, dont j'étais la complice sans le savoir, puisque cet argent fut employé pour acheter un cachemire que je n'avais demandé que des yeux. Tu sais pourtant bien, mon ami, que j'entends raison à l'occasion, et que je ne mords pas trop le frein qu'on met à mes fantaisies quand le refus de leur obéir est doucement motivé. Si tu n'avais pas été en mesure de payer cette vilaine lettre de change et qu'on t'eût mis à Clichy, hein! comme cela t'aurait amusé de chanter :

Hirondelle gentille,
Voltigez à la grille
Du cachot noir.

Rien que la seule idée que mon cachemire t'a fait courir un pareil danger me le fait trouver très-laid. Et puis j'en ai vu depuis un bien plus beau. »

Ici Théodore tourna la page, où manquaient encore les deux premières lignes brûlées avec celles du recto. La lettre continuait sur ce ton d'intimité tour à tour émue et plaisante, accusant un commencement de crainte et même de reproches, atténués par la câlinerie de l'expression. On voyait qu'une seule pensée y dominait : l'ennui de la solitude et l'absence d'une affection chère.

« Il y a des jours où l'ennui m'étouffe comme une vapeur épaisse qui m'entrerait dans la gorge. J'ai l'imagination troublée par des pressentiments inquiétants. Il me prend alors de soudaines envies d'aller dans les endroits bruyants où je respirerais l'air du plaisir et de la foule : tu vois comme je suis franche, je te confesse mes mauvaises pensées, il faudra m'en gronder; mais je me repens bien vite, et mon meilleur et sûr remède, c'est de te rapprocher de moi par le souvenir. Je prends tes lettres, je les lis tout haut, et je fais chanter à mon oreille les bonnes paroles que tu sais y mettre. Les dernières n'en étaient pas bien riches. Ton cœur s'est-il donc appauvri ? Tu t'excuses d'être obligé de prolonger ton séjour chez tes parents, mais tu t'excuses trop, Léon, et les termes que tu emploies ressemblent au style d'un débiteur qui demande du temps. Ta dernière lettre m'a mise en colère ; et puis mon humeur taquine avait une nostalgie de querelle. J'essaye bien d'en faire à ma bonne, mais elle me donne toujours raison. Je t'ai fait une scène en parlant à ton portrait. Je me suis emportée, tu es devenu furieux ; j'ai cassé une tasse, tu as frappé du pied. La bonne, qui entendait, m'a dit un mot superbe : — Ah ! madame, je croyais que monsieur était revenu. — La querelle a fini comme toutes nos querelles, par un baiser, que tu ne m'as pas rendu, et il n'y a rien eu de brisé entre nous.... qu'une tasse. »

A ce singulier épisode succédait un passage encore biffé, mais lisible, et, au grand étonnement de Théodore, il le trouva entièrement rétabli, au moins dans sa pensée ; la forme seule avait subi quelques modifications. Il y avait eu lutte dans l'esprit de celle qui écrivait. C'était comme un aveu qu'elle ne voulait pas faire, qu'elle ne voulait pas se faire à elle-même surtout, mais qui s'échappait de son cœur malgré elle, comme un cri sort d'une poitrine oppressée.

« Oui, j'ai des doutes ; oui, je souffre, et je **fais**

des efforts pour te le cacher, craignant que cette souffrance ne t'irrite. Il me semble qu'il y a autre chose que la distance entre nous. Qu'y a-t-il ? je l'ignore. Quelque chose comme un péril nocturne qu'on devine sans le voir. » Puis tout à coup, brusque ressaut de cet esprit singulier : « Pardonnez-moi, Léon, je suis folle. J'ai jeté au feu ce vilain prophète de malheur qui m'avait montré une dame de carreau faisant route pour aller voir à la nuit un valet de trèfle chez un homme de campagne. Figure-toi que j'avais supposé que l'homme de campagne était ton père, toi le valet de trèfle, et la dame de carreau... ah! une femme qui me fera du mal, bien sûr. J'ai défendu à ma bonne de me tirer les cartes, et j'ai pris le parti de ne plus me faire de mauvais sang. J'ai mis la gourmandise au rang de mes distractions ; aussi je commence à engraisser un peu. Je te ménage des surprises à ton retour. Au moment où je t'écris, j'entends un de mes voisins qui chante la *chanson du capitaine*. Tu sais :

> Là-bas, dans les prés verts,
> J'ai tué mon capitaine.

Il a une très-jolie voix fausse et une grande barbe rouge, à ce que dit ma bonne. De la fenêtre de sa cuisine, qui donne sur les cours des maisons du voisinage, elle l'a aperçu quelquefois lavant des pinceaux, d'où je conclus que c'est un rapin. Si je le connaissais, je lui demanderais de m'apprendre la *chanson du capitaine*, dont je ne sais que deux couplets, et que nous avons entendu chanter ensemble la première fois que nous sommes allés nous promener à Aulnay, il y a quatre années, ô mon ami, les meilleures de ma vie! Dis donc, Léon, si à ton retour je te chantais la *chanson du capitaine*, et tout au long, qu'est-ce que tu dirais? »

Cette phrase, la dernière qui fût écrite, était encore raturée, mais à traits assez transparents pour qu'on pût la lire. Théodore plia la lettre, la mit dans le tiroir de sa table, éteignit sa lampe et s'endormit en murmurant : Voilà une drôle de petite femme.

III

Ayant veillé une partie de la nuit, il dormit assez tard le lendemain. Son premier mouvement en se levant fut d'aller écarter les rideaux pour voir le temps qu'il faisait : le ciel était pur. Il ouvrit sa fenêtre : le temps était doux. Théodore se sentit de bonne humeur et se mit à chanter à pleine voix, sur un air de noël ancien :

> Là-bas, dans les prés verts,
> J'ai tué mon capitaine.
> Mon capitaine est mort,
> Et moi je vis encor...
> Oui, mais avant trois jours
> Ce sera-t-à mon tour.

Puis, après avoir déjeuné rapidement, il se mit à travailler en regardant de temps en temps les petits oiseaux qui venaient chercher les miettes de pain tombées sur le bord de sa fenêtre.

Soit que cette nuit de veille l'eût un peu fatigué, soit qu'une préoccupation étrangère à son travail se fût à son insu glissée dans son esprit, Théodore s'aperçut qu'il n'était que médiocrement en veine laborieuse. Comme c'était un garçon singulier, qui tenait à se mettre en règle vis-à-vis de lui-même, il chercha dans son répertoire de prétextes à l'aide desquels il justifiait toutes ses actions celui qu'il pourrait bien mettre en avant pour quitter son travail. Le cas lui sembla épineux. Le jour, étant d'une pureté irréprochable, éclairait franchement son ébauche, où le sujet s'encadrait déjà bien à l'œil, débarrassé des tâtonnements de la composition. Sur sa palette chargée de couleurs fraîches, la gamme des tons éclatait comme une octave lumineuse. Les brosses, bien en main, n'offraient point de hérissements rebelles sous le grain de la toile. Le chevalet était d'aplomb, l'huile était limpide ; enfin tous les outils, excellents, semblaient rattacher à son œuvre l'ouvrier tourmenté par une velléité de paresse. Théodore se leva, fit un tour silencieux dans son atelier, et ne le trouva point pavé de bonnes raisons d'oisiveté. Il en trouva une contraire dans la présence d'une dernière pièce de cent sous qui semblait lui dire mélancoliquement : « Et après moi? » Peut-être allait-il écouter ce muet avertissement de l'urgence; malheureusement ses yeux tombèrent sur une carte de visite cornée où était finement gravé ce nom connu dans les arts : FRANCIS BERNIER. Au-dessous du nom suivaient ces quelques lignes, tracées au crayon : « Venu trois fois de mes antipodes. J'ai à vous parler. Aff. sérieuse. Retirez donc votre verrou demain, dans l'après-midi. A vous. » Ce billet de visite, que sa femme de ménage avait oublié de lui remettre, portait en outre la date de la veille. Cette fois Théodore avait bel et bien son prétexte, mauvais il est vrai; mais, venant à point, il ne lui en paraissait que meilleur. Il fit une grimace qui ressemblait bien à un sourire, et, regardant son tableau d'un air piteux, il le retourna sur le chevalet en disant : « Qu'est-ce que tu veux, puisqu'il n'y a pas moyen d'être tranquille chez soi! » Puis, continuant à monologuer, comme c'était quelquefois son habitude, il ajouta : — Si j'avais été prévenu, je ne me serais pas mis en train. Rien n'est agaçant comme de travailler sous la menace d'un dérangement; il semble qu'il y a quelqu'un derrière vous qui va vous pousser le coude... Venu trois fois! continua-t-il en lisant la carte de son ami; Francis se dérange beaucoup. Si l'affaire en question est bonne, ce doit être pour lui.

Tout en se parlant ainsi, il avait pris dans un coin un petit bâton autour duquel était roulé un morceau d'étoffe bleue qu'il alla suspendre extérieurement à sa fenêtre. Le vent déroula aussitôt l'étoffe, qui se mit à claquer bruyamment. Pour les initiés, ce drapeau aperçu de la cour signifiait qu'on pouvait en toute sécurité tenter l'ascension de ses six étages, et qu'une main amie viendrait vous ouvrir la porte, impitoyablement close dès que le petit pavillon bleu était amené. Une heure après, Francis était chez Théodore.

Francis Bernier était un garçon de vingt-huit ans. Sa biographie est courte, mais instructive. Cinq ou six ans avant l'époque où nous le voyons paraître, il avait habité cet atelier où il trouvait Théodore ; il y avait connu les angoisses de la nécessité, le duel fatigant du doute et de l'espérance, et il avait souffert plus qu'un autre, ayant à combattre les instincts d'une nature ardente en convoitises et en jouissances que la fortune ou tout au moins l'aisance seule peut procurer. Faible à lutter contre les obstacles, il s'était associé, pour prendre courage, à un groupe de jeunes gens rigides, mais il les avait quittés bien vite, emportant sur le dos le froid de leur misère. De sa faiblesse même il se fit une force. Pesant sa valeur, il avait reconnu, tout en se faisant bon poids, que son talent ne pourrait jamais lui conquérir une place acceptée sérieusement, ni même sérieusement discutée. Ayant eu à une exposition un début que la critique avait encouragé sans engager l'avenir, Francis, qui connaissait sa mesure, comprit que ce qui fait le succès de la médiocrité, c'est sa perpétuité. Il ne s'épuisa point en de vains efforts. Le moule où il avait coulé sa première œuvre avait donné une bonne épreuve; il conserva le moule et ne fit ni mieux ni plus mal. Quand on a été heureux d'une façon, il faut s'y maintenir; progresser, c'est reculer, pensait-il. Tous les ans, il envoyait gravement au Salon son petit tableau, sujet sympathique, toujours le même, facture invariable, et tous les ans la critique avait pris le parti de lui stéréotyper dans ses colonnes un éloge à peu près ainsi conçu : « M. Bernier (Francis) apporte au Salon de cette année une œuvre nouvelle qui aura, nous n'en doutons pas, le succès de ses précédents ouvrages. C'est la même naïveté distinguée dans la composition, le même bonheur dans le choix du sujet, la même fidélité inflexible à sa première manière. » Cette aumône banale se terminait ordinairement par cette mortelle injure : « M. Bernier est un jeune homme qui donne de sérieuses espérances. » La presse des départements, où Francis envoyait ses tableaux, prenait le *la* de la presse parisienne, avec quelques variantes, et l'appelait : « jeune maître. »

Cependant de ces dédaigneuses espérances, Francis travaillait à se faire un avenir. D'heureuses relations avec des jeunes gens de famille le firent pénétrer dans quelques salons, où les articles de journaux lui donnaient une apparence de notoriété. Il y remarqua qu'on avait des artistes une idée assez médiocre, et résolut de modifier cette opinion, au moins à son propre bénéfice. Il commença donc par tailler un habit noir dans son ancienne vareuse de rapin, et soumit ses manières d'être, un peu accentuées, à une orthopédie morale dont l'heureux résultat lui permit de faire croire qu'il était venu au monde sous cet habit noir. Il apprit à marcher sur les tapis, à s'asseoir sur tous les siéges et à danser toutes les danses nouvelles. Ses progrès dans la science des puérilités furent rapides ; il en fut récompensé par l'épithète d'*homme charmant*. Enhardi par ses premiers succès, il convoita une société plus choisie, et redoubla d'efforts pour y être accueilli avec la même bienveillance. Riche de ses observations, il emportait dans le monde une série de saluts gradués depuis le profond respect jusqu'à l'impertinence cavalière. Possesseur d'une collection d'attitudes variées moulées sur nature, personne mieux que lui ne savait se pencher pour écouter le morceau de musique en vogue ou l'anecdote en cours. Un courtisan lui eût envié ses poses arrondies, et un diplomate ses poses anguleuses. Habile à tout prévoir, il ne se présentait jamais dans une maison nouvelle sans être muni de renseignements, sans avoir, pour ainsi dire, le mot d'ordre. Il savait que le monde, indulgent aux fautes qui ont de la tenue, est inexorable aux ridicules, et qu'il est des méprises et des inadvertances qui équivalent, pour le mauvais effet qu'elles produisent, à marcher sur les pieds d'une personne qui a des cors. Expurgeant de son dictionnaire toutes les locutions un peu coloriées, il était parvenu à se mettre dans la bouche un langage onctueux et parfumé comme un sirop de fleurs de rhétorique, idiome complaisant qui ne fatigue ni celui qui le parle, ni celui qui l'écoute. Reniant tous les souvenirs de sa jeunesse, il avait fait de son *humour* d'artiste un enjouement bénin, et si les dames le priaient derrière un écran de raconter quelque épisode de sa vie d'atelier, Judas du passé, il s'exprimait avec le dédain d'un sceptique ambitieux qui médit de sa patrie indigente pour se faire naturaliser dans un pays plus riche.

Après deux ou trois ans de cette nouvelle existence, Francis aurait pu ouvrir un cours de ce savoir-vivre mondain dont la première leçon consiste, pour les jeunes gens surtout, à apprendre l'art d'ignorer l'âge des mères et de connaître la dot des filles. Cependant, s'il était parvenu à avoir accès dans les meilleurs salons parisiens, sa peinture continuait à rester dans l'antichambre de l'art, non pas que les commandes lui manquassent, mais les amateurs sérieux et intelligents recevaient l'homme du monde chez eux sans admettre le peintre dans leur galerie. Au reste, sa vanité n'en souffrait pas. N'ayant en vue que l'intérêt, il avait adopté une branche très-productive de sa profession, surtout quand on vit dans un cercle de belles relations. Il envoyait annuellement à l'exposition des portraits d'hommes qui obtenaient de grands succès de cravate, et des portraits de femmes qu'accueillaient de fabuleux triomphes de guipure. Il venait d'exposer tout récemment un nouveau décalque de sa première œuvre. Traitée sur une plus vaste échelle et dans la forme ovale, cette légère concession à la variété devait être récompensée. Une coterie féminine se mit à l'œuvre, et on profita du passage d'un ministre, qui eut à peine le temps de s'asseoir, pour signer le brevet qui conférait à Francis le grade de chevalier. Cette faveur n'étonna personne, excepté lui peut-être.

Le jour où il étrenna son ruban, il se rendit à l'hôtel des commissaires-priseurs, où l'opinion publique lui donna sa réponse par la voix du crieur : — Allons, messieurs, un Francis Bernier, *Prière des*

Naufragés, salon de 184., cinq cents francs ! — Francis entendit un petit frémissement railleur courir autour de la table. — Allons, messieurs, reprit le crieur, à quatre cents ! à trois cents ! — Oh ! c'est honteux, fit le commissaire, qui reconnut Bernier dans la foule. — Voyez le cadre au moins, ajouta le crieur. — Marchand à cinquante francs, répondit une voix enrouée. Le commissaire, lié avec l'auteur de la malheureuse *Prière des Naufragés*, voulut lui faire la politesse d'une enchère pour son compte. Il avait, du reste, un cadeau à faire, il pensa s'en tirer à bon marché, et engagea la vente. — Il y a marchand à cent francs — par moi, dit-il. La galerie ne bougea pas, les amateurs feuilletaient leur catalogue ou s'offraient des prises de tabac. Bernier voulut sauvegarder sa dignité. Tacitement d'accord avec le commissaire-priseur, auquel il avait fait un signe aussitôt compris de celui-ci, ils menèrent de riposte en riposte les enchères jusqu'à quatre cents francs. Peu de gens furent dupes de cette comédie, dont Bernier devait payer tous les frais ; mais les prix de vente pouvaient être publiés par les journaux, et un chiffre ridicule aurait pu porter atteinte à sa réputation, au moins sous le rapport commercial. Il était venu à la vente la poitrine gonflée d'orgueil, comme un homme qui porte pour la première fois un signe qui le distingue des autres. Il s'était promis de travailler plus sérieusement et de faire plus tard honneur à l'honneur qu'on venait de lui faire. Le coup sec du marteau d'ivoire qui lui avait adjugé son propre tableau avait retenti dans son cœur. Un coup peut-être plus terrible l'attendait sous le vestibule : il trouva un grand seigneur amateur chez lequel il était reçu. — Voyez donc, monsieur Bernier, dit celui-ci en lui montrant une petite toile qu'il portait à sa voiture.

— C'est délicieux! répondit Francis reconnaissant une peinture d'un de ses anciens amis, nommé Lazare. A la louange de Francis, il faut dire que, s'il doutait de son mérite, il reconnaissait celui des autres; il vanta avec enthousiasme le tableau de son confrère.

— Vous n'avez pas dû payer cela cher ? demanda-t-il.

— Mais, fit le gentilhomme amateur, il n'est pas donné. On me l'a disputé. J'ai mis vingt louis dehors; franchement, je ne les regrette pas.

— C'est un bijou qui vaudra le double de ce qu'il vous a coûté, s'il sort de votre galerie, monsieur le duc.

— Mes compliments, monsieur le chevalier, reprit le duc, qui venait d'apercevoir la décoration du jeune peintre; nous ferez-vous l'honneur de recevoir nos félicitations un de ces soirs ?

Et, après avoir salué Francis, il monta dans sa voiture.

A dix pas de là, sur le boulevard, Bernier rencontra Lazare. Il lui fit part du succès qu'il venait d'obtenir à la vente. — Le duc de *** a acheté un tableau de vous juste ce que j'ai acheté l'un des miens, quatre cents francs.

Et il raconta, sans trop de dépit apparent, sa petite mésaventure.

— Ma foi, reprit Lazare, ce n'est pas moi qui profite de l'aubaine. J'ai vendu ce tableau-là trente-cinq francs, il y a six mois, à un marchand qui est venu chez moi à l'heure du dîner.

— Vous êtes absurde de faire les affaires comme ça, dit Francis.

— Ce n'est pas moi qui arrange la destinée, répondit tranquillement Lazare. — Et, apercevant à son tour la décoration de son ancien camarade, il lui tendit la main : — Votre boutonnière a la rougeole, lui dit-il en riant; c'est plus joli que la petite sauterelle verte que vous y mettiez auparavant. Mes compliments.

— Donnez-moi votre adresse, lui dit Francis. Le duc aime ce que vous faites. Je le conduirai chez vous, et vous traiterez directement avec lui.

— Mon adresse.... voilà.... c'est que je n'en ai pas.

— Eh bien! apportez quelque chose à mon atelier...

— Je n'ai rien de fait.

— Mais faites, morbleu !

Lazare resta un moment pensif. — Non pas maintenant. Je suis amoureux.

— Eh! mon ami, interrompit Bernier, vous avez un grand défaut : vous mettez trop de sentiment dans la vie.

— Qu'est-ce que cela fait, répondit l'artiste, si j'en garde assez pour ma peinture?

Ce fut le dernier mot cruel qui lui échappa. Les deux camarades se séparèrent, et de longtemps Francis n'avait revu Lazare. S'il avait su où le trouver, peut-être même ne fût-il pas venu voir Théodore, chez lequel nous le retrouverons vêtu selon le dernier mot de la mode, et maigre comme il convient à un homme qui a des prétentions à la distinction anglaise.

— Bonjour, dit-il à Théodore en lui serrant la main, et donnez-moi une pipe.

— Comment! fit Théodore en lui offrant ce qu'il demandait, vous ne craignez donc plus de vous infecter?

— Bah! reprit Bernier en allumant sa pipe avec le plaisir qu'on éprouve à goûter au fruit défendu. Je ne vais nulle part aujourd'hui. Ah ! si. ajouta-t-il après avoir réfléchi, j'ai une petite commission à faire chez une femme; mais il n'y a point besoin de se gêner avec celle-là. Voyons. Parlons un peu de vos affaires. Ah çà ! je suis venu trois fois chez vous. Qu'est-ce que vous faites donc, qu'on ne peut pas vous voir ? Est-ce aussi l'amour qui ferme votre verrou à l'amitié ?

— Je travaille beaucoup.

— Vous avez donc des commandes?

— Soyez donc gentil, et ne posez pas, Francis, lui dit Théodore avec une froideur défiante. Vous savez bien que je n'ai pas de commande.

Bernier eut envie de protester contre toute intention ironique : il n'avait fait cette demande que par intérêt sincère; c'était un lapsus de réflexion, et rien de plus. Le ton raide de Théodore était le résultat d'un malentendu qui se produisait souvent entre Francis et ceux de ses amis que la destinée avait moins favorisés que lui. Il ne demandait pas mieux que de rentrer franchement dans leur sympathie; mais l'accès n'en était point facile toujours. Leur condition d'obscurité, injustement prolongée peut-être par les hasards de la vie, devait, il le supposait du moins, s'étonner des facilités qu'il avait rencontrées pour réussir. Une hostilité préventive accueillait ses moindres paroles, et une sorte de dépit voisin de la malveillance y guettait toutes les occasions de les couper par un reproche ou par quelque boutade un peu vive. Francis faisait la part de ces irritations, dont les natures les moins enclines à l'envie ne peuvent se défendre quelquefois, et il avait pris le sage parti de supporter tranquillement ces petites piqûres.

Il s'approcha du chevalet, et dit à Théodore, en indiquant la toile posée du côté du châssis : — Peut-on voir ?

— On peut, répliqua Théodore, qui vint lui-même retourner son tableau.

Selon son habitude, Bernier exprima son opinion sous l'impression immédiate de l'examen. Comme il possédait le sens critique, son jugement n'était pas à dédaigner, et on acceptait son éloge comme une monnaie franche.

— C'est bien, très-bien, dit-il en se reculant et en s'approchant tour à tour pour juger l'effet. — Ah! vous avez du talent, vous !

— Faut bien avoir quelque chose, répondit Théodore.

Le mot tomba sans être ramassé par Francis.

— Combien vous payera-t-on cela quand vous l'aurez achevé? demanda-t-il naturellement.

Théodore savait que Francis connaissait fort bien ses prix de vente. Il se mit de nouveau sur la défensive, croyant que son confrère voulait, en lui arrachant l'aveu d'un chiffre ridicule, constater sa supériorité commerciale sur la sienne.

— On me paye cela cent mille francs, répondit Théodore.

— Alors, dit Francis en faisant un mouvement comme pour prendre son chapeau, je n'ai plus qu'à m'en aller, n'étant pas assez riche pour faire concurrence à des nababs. — Et tout en plaisantant, il fit mine de se retirer.

— Mais, lui dit Théodore en le retenant, pourquoi me faites-vous toujours des questions inutiles? Vous savez qu'en ce moment je traverse la Judée, et que dans ce pays-là on laisse sa laine aux buissons. Je vends mes tableaux quand je puis, et je les vends, pour ce qu'ils veulent m'en donner, à des marchands qui n'oseraient pas me les demander pour rien.

— Alors, fit Francis en se rasseyant, revenons à l'affaire qui m'amène; mais d'abord, mon cher ami, faites-moi le plaisir de ne chercher dans ma proposition aucune intention blessante. Je viens ici comme un ami, ne me recevez pas en porc-épic. Faites-moi bonne hospitalité.

— L'hospitalité de l'Orient, répondit Théodore en lui montrant le divan : des coussins et une pipe. Allez.

— M'y voici. Je suis dans ce moment accablé de travaux.

Un sourire effleura les lèvres de Théodore.

— Oui, continua Francis, c'est drôle, mais c'est comme cela. Ces gens du monde ont mauvais goût. N'en parlons plus. Or donc, un de mes amis, dont le père possède un château à cinquante lieues d'ici, m'a écrit pour me demander d'y aller passer un mois ou deux. Il va se marier bientôt. L'architecte est en train de disposer l'appartement qu'il occupera dans le château paternel, et comme il a le goût des arts...

— Il voudrait que vous allassiez décorer son appartement, interrompit Théodore.

— Parfaitement, continua Francis ; mais comme j'aime bien mes amis, et que je suis heureux de rencontrer une occasion de leur être agréable, j'ai voulu ménager au mien cette bonne surprise de vous demander la décoration du boudoir de sa future.

— Il faudrait donc aller au château de votre ami? dit Théodore. C'est que je n'aime pas beaucoup à me déranger, ajouta-t-il, inquiet à la seule idée d'avoir à se courber sous le joug des servitudes sociales.

— Je le sais bien, et c'est là votre tort. Dans la vie, on n'arrive qu'en se dérangeant, et surtout en dérangeant les autres; mais vous n'aurez pas à sortir d'ici, à moins que vous ne préfériez venir travailler chez moi : mon atelier est plus grand.

— Non... non ! s'écria Théodore.

— Ah ! je comprends, fit Bernier en riant : vous craignez l'endroit contagieux.

— Je serai plus à mon aise ici, interrompit Théodore ; mais si j'accepte, aurai-je la liberté de faire ce qu'il me plaira ?

— Vous aurez la liberté de faire de très-jolies choses, et vous en userez, j'en suis sûr. Les sujets seront abandonnés à votre fantaisie, qui pourra s'égarer à son gré... jusqu'aux limites du convenable, ajouta Francis avec une intention de réticence.

— Croyez-vous que je veuille faire des gaillardises ? Je vous montrerai mes esquisses, d'ailleurs, répondit Théodore.

— Je n'ai pas la prétention de contrôler votre travail, mais je tiendrais à vous voir réussir celui-là ; un succès en amène un autre. Ces peintures vous seront, j'en suis sûr, payées convenablement, et le prix pourra vous permettre pour un temps de vous tenir à l'écart des exploiteurs.

— Mais, j'y pense, dit Théodore, votre ami ne s'arrangera peut-être pas de cela.

— Mon ami, répondit Francis, ne sera prévenu qu'au moment où il aura à vous remercier d'avoir bien voulu m'aider. Les panneaux seront expédiés au fur et à mesure que vous les aurez terminés. Quand ils seront posés, vous viendrez les signer, et je vous présenterai.

— Vous m'emmènerez dans le monde ?

— Oui, mais pas en blouse, et lorsque vous y serez, vous verrez que la fréquentation des gens polis et bien élevés n'empêche pas d'avoir du talent...

— Quand on en a, interrompit Théodore.

— ..... Et vous reviendrez peut-être alors sur les préventions que vous inspire votre mauvaise société habituelle.

— Mais je vis tout seul.

— C'est ce que je voulais dire, répliqua Bernier. La solitude est une conseillère de malveillance. — Et il ajouta : — Tenez, je suis venu ici pour vous être agréable. Il n'y a pas un quart d'heure que j'y suis, et vous m'avez dit huit impertinences.

— Vous les avez comptées ? dit Théodore en riant.

— Oui, regardez, reprit Francis en indiquant du doigt une suite de petites croix faites à la craie sur la boiserie, il y en a huit ; quand nous serons à dix...

— Vous vous fâcherez ? fit Théodore en lui tendant la main.

— Non, j'effacerai... et vous recommencerez. Pourquoi me taquinez-vous toujours ? Je ne suis pas un aigle, c'est convenu; mais je ne suis pas une oie non plus. Voyons, vous acceptez ma proposition ?

— De grand cœur, mais...

— J'avais prévu votre *mais*, dit Francis. En procurant le travail, je fournis les outils ; mon marchand de couleurs vous livrera tout ce que vous lui demanderez. Cela ne vous déshonore pas que je vous crédite chez lui?

— Non, et pendant que vous y serez, vous me créditerez d'un cadre à la mesure de cette toile? répondit Théodore en montrant son tableau.

— Comment le voulez-vous?

— Vous le choisirez.

Tout en parlant, Théodore avait pris un pinceau et écrivait au bas de la toile : *Offert à mon ami Francis Bernier.*

— Puisque j'en avais envie, c'était si simple de me le vendre très-cher ! dit celui-ci. Vous renoncez facilement aux cent mille francs de votre nabad, ajouta-t-il en riant.

— Je vous donne la préférence pour rien.

— J'accepte, mais à une condition : c'est que vous me le donnerez tel qu'il est là.

— Pourquoi ne pas attendre que je l'aie fini?

— Parce que je tiens à avoir quelque chose de

vous qui ne soit pas parfait, termina Francis en souriant.

— Pour un joli mot, voilà un joli mot! s'écria Théodore; je vais vous le marquer aussi, fit-il en traçant à son tour une croix sur le mur, mais vous n'irez pas jusqu'à huit.

— Qu'est-ce que vous faites ce soir? demande Bernier.

— Je rentre de bonne heure après mon dîner pour lire un roman qui m'intéresse beaucoup, et dont j'attends la suite.

— Vous pouvez toujours bien venir dîner avec moi, vous rentrerez quand il vous plaira

— Volontiers.

— Eh bien! je reviendrai vous prendre à six heures... Ou plutôt, non, attendez-moi à cette heure-là galerie de l'Opéra, et peut-être amènerai-je une dame avec moi.

— Alors je vous gênerai.

— Non, c'est la *femme* d'un de mes amis... — Francis souligna le mot d'une intention. — Une future veuve dont le *mari* va se marier, ajouta-t-il en riant.

— Compris, fit Théodore en riant aussi. Et elle vous épouse en secondes noces?

— Non pas, reprit Francis. La pauvre enfant ne se

doute pas de ce qui se passe ; son amant n'ose rien lui dire encore et préfère attendre au dernier moment, car cette rupture est aussi cruelle pour lui qu'elle le sera sans doute pour cette pauvre enfant, qui a bien le meilleur cœur du monde, et qui en souffre.

— A quoi lui servirait-il d'en avoir sans cela?

— Mon ami, — c'est précisément celui pour qui vous allez travailler, — m'a chargé d'aller voir sa maîtresse et d'essayer de la préparer doucement à l'événement; mais je n'aime pas trop à jouer ce rôle de trait de désunion. J'ai reculé jusqu'ici à voir Camille. J'ai été absent, d'ailleurs. J'y vais aller aujourd'hui, je l'emmènerai faire un tour au Bois, nous dînerons tous les trois, et de là je la conduirai au spectacle. Vous viendrez au théâtre avec nous, si vous voulez.

— Ah! non; moi je veux finir mon roman, dit Théodore.

— A six heures alors, reprit Francis en se disposant au départ.

— Et cette dame ne sera pas contrariée de ma compagnie ?

— Aucunement. Vous verrez une charmante créature.

— Dois-je me faire beau ?

— Si vous avez l'intention de lui plaire, faites-vous

bon. Et surtout pas un mot de ce que je vous ai appris à propos d'elle.

Les deux amis se séparèrent en renouvelant une dernière fois leur rendez-vous.

IV

Théodore s'habilla avec toute la richesse que pouvait lui permettre sa modeste garde-robe, et sortit pour faire une promenade en attendant l'heure du dîner. Le temps était beau, nous l'avons dit, et tout Paris était dehors, bien entendu tout le Paris dont l'unique souci est de n'en pas avoir. Théodore se sentait allègre et marchait gaiement par les rues, comme un homme qui chemine au bras d'une heureuse pensée. Il rencontra sur les boulevards un marchand qui consentait quelquefois à lui acheter ses petits tableaux. — Je fais un envoi à l'étranger, lui dit cet homme : si vous avez quelque chose de gentil et dans les prix doux, apportez-moi ça. — Puis, ayant remarqué la tenue presque élégante de Théodore, il ajouta : — Comme vous êtes beau ! Allez-vous donc à la noce ?

— Je dîne en ville avec Francis Bernier.

— Vous le connaissez? fit le marchand passant son bras sous celui de Théodore.

— Parfaitement.

— Tiens, vous pouvez me rendre un service alors. Bernier, qui va beaucoup dans le monde, est lié avec le duc de ***, un amateur qui cherche les maîtres du dix-huitième siècle. J'ai en ce moment deux Watteau.

— De qui sont-ils? interrompit Théodore.

— Ils sont authentiques ; je les ai achetés à Londres, où ils sortaient d'une galerie connue, reprit le marchand. Je voudrais bien que le duc vînt les voir. Dites-en donc deux mots à Francis. Si cette affaire réussit, j'en ferai une avec lui, quoiqu'il soit très-raide... Après ça, son nom fait bien dans une montre.

— Eh bien ! soit ! répondit Théodore.

— Merci, dit le marchand, je passerai chez vous pour... pour voir si vous avez quelque chose de prêt, reprit-il vivement.

— Et pour savoir si Bernier consentira à conduire le duc voir vos Watteau, farceur! Ce sera la première fois que je vous verrai dans mon atelier.

— Dame ! reprit le marchand en s'éloignant, c'est vous qui venez dans mon magasin.

Cette réflexion naïve révélait à Théodore la profondeur du mot de Bernier, « déranger les autres, » et il comprit que dans la vie il n'y a pas de petits moyens. Ayant fait encore quelques tours, il atteignit ainsi l'heure de son rendez-vous, où, après cinq minutes d'attente, il vit arriver Francis avec la compagne qu'il lui avait annoncée. La présentation faite, Francis demanda à la jeune femme où elle voulait aller dîner.

— Où vous voudrez, répondit-elle.

— Je connais un endroit très-bien, dit Théodore, et il hasarda le nom du restaurant où son parrain le conduisait quelquefois.

— Oh! oh! murmura Francis, on allait là avant la découverte de l'Amérique.

— J'ai dit une bêtise, pensa Théodore en remarquant qu'un sourire avait effleuré les lèvres de la dame.

En causant, Bernier se dirigeait vers le Café Anglais, où il entra avec ses deux invités. A la manière dont il fut reçu, on voyait que le lieu lui était familier. — C'est vous qui me servez, Alexis, dit-il à l'un des garçons qu'il rencontra sur son passage. Tâchez de m'avoir un joli cabinet. — On les installa dans un joli salon ayant vue sur le boulevard, décoré, meublé et éclairé avec tout le comfortable de l'établissement. Pendant que Francis observait la carte Théodore observā la jeune femme, qui, débarrassée de son mantelet et de son chapeau, avait pris place en face des deux convives. Elle semblait avoir vingt-deux ans et était de taille moyenne, avec de jolies mains finement attachées à un poignet mignon. Sa tête, élégamment posée sur un buste chaste, paraissait petite, sous l'épaisseur d'une chevelure qui tenait le milieu entre la couleur brune et le noir méridional. Les traits en étaient fins, mobiles, et d'une douceur qui exprimait le calme, mais non l'absence de passion. Sa bouche petite, ombragée d'un duvet transparent comme une fumée, montrait, en s'ouvrant, des dents d'un éclat merveilleux, et le sourire de l'enfance terrible était resté sur ses lèvres. Quant aux yeux, d'une nuance indéfinie, ils annonçaient l'intelligence aiguisée par une sorte de malice étourdie, qui semblait ne demander qu'à être éveillée pour devenir de l'esprit.

— Voici la carte; dites-moi si cela vous convient, Camille, demanda Francis en lui passant le menu qu'il venait d'écrire. Vous voyez que j'ai pensé aux friandises.

— Vous avez oublié les petits pois, dit-elle.

Théodore regarda son amphitryon d'un air étonné qui voulait dire: Y en a-t-il donc déjà? Francis comprit parfaitement, car il répondit: — Ici il y a de tout, en toute saison et à toute heure. C'est la spécialité de la maison de pouvoir donner ce qui n'existe pas. Voyez d'ailleurs. — Et il passa le menu à Théodore. Celui-ci pensa que le meilleur moyen de ne pas étonner les autres était de ne point s'étonner lui-même, et, après un coup d'œil négligent jeté sur la carte, il approuva la commande. C'était ce qu'on appelle un vote de confiance, car il ignorait absolument ce qu'il allait manger. — Je vais faire un dîner de bonbons, pensa-t-il. La question des vins le trouva plus rétif. Son parrain lui avait donné quelques rudiments de science œnophile, et il ne fut pas fâché d'avoir une occasion d'initiative. Francis avait demandé son vin ordinaire, ce que son convive trouva mesquin jusqu'au moment où le garçon, qui savait ce que cela voulait dire, apporta deux fioles de Saint-Julien. — Je ne change jamais de vin, dit Francis ; c'est une question d'hygiène.

— Eh bien ! moi qui n'ai pas encore pu m'habituer au mien, j'en change volontiers, interrompit Théodore. C'est une question de curiosité. Seulement je ne veux pas de votre bordeaux ; des vins frileux qu'on met en cave avec des gilets de flanelle...

— Goûtez-le toujours. — Théodore goûta.

— Il revient des Indes, dit Francis.

— Toute réflexion faite, il a bien fait d'en revenir, répliqua Théodore. Moi je n'irai pas si loin ; je me contenterai de monter sur un coteau de la Bourgogne.—Madame voudra-t-elle m'accompagner? dit-il en se tournant vers Camille. La jeune femme sourit en tendant son verre à Bernier.

— Prenez garde de rouler en bas de votre coteau, interrompit celui-ci.

Le repas, commencé sur ce ton enjoué, continua de même. Théodore, se rappelant sa rencontre sur le boulevard, s'acquitta de la commission dont l'avait chargé le marchand.— Lui rendrez-vous ce service? demanda-t-il.

— Non, mais je le lui vendrai, répondit Francis. Et si vous-même vous avez quelque chose à placer, voici une occasion de vous faire payer sans être trop marchandé. Annoncez à Bernard que je consens à parler de ses Watteau au duc, et vous verrez. Quant à moi, le jour où je conduirai le duc chez lui, il verra. Je ne sais pas si Watteau sera acheté; mais ce que je sais bien, c'est qu'il y aura un Bernier qui sera vendu. Ah! Bernard a un peu besoin de moi! Une fois que j'avais le cou serré entre deux échéances, il m'y a laissé; mais que je le tienne, et je l'étrangle.

— Si l'affaire se fait, dit Théodore en riant, je vois que c'est l'amateur qui payera les frais.

— Non, reprit Francis, Bernard n'est pas si sot que de tuer la poule à sa première couvée. On dépouille plus facilement un pauvre qu'on ne vole un riche. Le duc fera une bonne affaire cette fois-ci, Bernard dût-il perdre sur le premier marché pour s'assurer sa clientèle. Il perdra sûrement sur moi, car je vais lui glisser certains *Naufragés* qui ont eu bien des malheurs. Quant à vous, le courtage vous sera proposé, si vous savez vous le faire offrir.

— Mais je n'ai rien de prêt, dit Théodore.

— Vendez à Bernard le tableau que vous m'avez promis, vous avez besoin d'argent pour le travail dont je vous ai parlé, et surtout demandez-lui un prix extravagant.

— Il ne m'achètera pas alors, interrompit Théodore.

— Comprenez donc, mais comprenez donc, insista Francis en frappant sur la table avec son couteau. Bernard est un marchand; il vous paye trente, quarante ou cinquante francs ce qui vaut le double ou le triple. Il a pris cette bonne habitude de ne pas vous donner plus, vous avez pris la mauvaise habitude d'accepter si peu...

— Parce que j'ai besoin de lui, interrompit Théodore.

— Eh bien! tout est là. Cette fois c'est lui qui a besoin de vous. Je puis, moi, n'être pas disposé à mon rôle d'intermédiaire, reprit Francis. Faites-le-lui craindre et supposer que ce sera seulement par amitié pour vous que je consentirai. Soyez en boutique à votre tour et vendez votre influence; c'est une denrée qu'on ne marchande pas. Je suis sûr d'amener le duc, mais je ne le ferai que le jour où je verrai votre tableau à la vitre de Bernard.

— Merci, dit Théodore, mais tout cela n'amuse pas madame.

— Madame nous excusera, fit Francis en se retournant vers Camille; mon ami est un garçon qui n'entend rien aux affaires, et je lui donne une leçon. Il passerait sa vie avec un rayon de soleil et un air de guitare...

— Sous un balcon, interrompit Théodore en regardant Camille.

La conversation sortit enfin du cercle restreint dans lequel Camille n'avait pas cru devoir entrer. Comme l'oiseau né jaseur que le silence étoufferait, elle glissa par la première issue qui lui fut ouverte son babil impatient. On voyait bien que son langage était celui d'une enfant gâtée, à laquelle on laisse tout dire parce qu'on aime à l'entendre, et qu'on ne fait taire qu'avec un baiser. Ce gentil fredon ne restait pourtant point dans la gamme unique des frivolités, Camille n'ayant pas seulement appris à parler à l'aide d'une serinette féminine composée de deux airs, chiffons et coquetterie. Si son esprit avait des réminiscences viriles de nature à étonner sur ses lèvres, elle avait dans les questions de sentiment une note qui ne trahissait pas l'emprunt. Sa mémoire littéraire était cependant peu meublée; mais elle avait eu la main heureuse en fouillant dans la grande bibliothèque humaine, où ses lectures étaient déjà loin de *la croix de Jésus* d'Agnès, sans approcher jamais des bouquins savants de Bélise. Elle aimait les livres qui disent vrai, peu soucieuse de la forme peut-être, mais attirée de préférence par ses instincts natifs vers les œuvres où la vérité ne dédaignait pas l'art de s'exprimer. Elle ignorait la critique et la pratiquait naïvement, divisant les livres comme les personnes en connaissances et en amis. Au nombre de ces derniers, elle comptait Virginie de Latour et Manon Lescaut, leur partageant une sympathie égale et pourtant différente, embrassant l'une et tendant la main à l'autre.

Comme, au dessert, à la suite d'un rapport d'idées, on était venu à parler de ces deux héroïnes de la passion, et à établir un parallèle entre la vierge sage et la vierge folle, les deux hommes prirent parti pour cette dernière. — Allons, fit Théodore, Virginie était un peu bégueule, et Manon pas assez; mais, pour conclure, elles sont sœurs.

— Volontiers, dit Camille, mais pas de la même mère.

— C'est égal, j'aime mieux Manon, reprit Théodore. C'était une bonne fille qui s'en allait souvent. C'est très-amusant d'être aimé de ces personnes-là.

— Est-ce aussi amusant de les aimer? demanda la jeune femme.

— Il faut vous dire, chère petite, que mon ami est un garçon qui aime à se représenter l'Amour un sac de voyage à la main, interrompit Francis.

— Oui, continua Théodore, un verbe actif qui aime à courir, jusqu'au moment où il s'assied tout essoufflé dans le fauteuil du mariage.

Camille devint toute pâle, et Théodore sentit que Francis lui marchait sur le pied. Il se baissa sous la table comme pour ramasser sa serviette, qui était restée sur ses genoux, et prolongea ce mouvement qui lui permettait de cacher son trouble.

— Que faites-vous? lui dit Francis tout bas.

— J'ai laissé tomber une bêtise.

— Elle est ramassée.

En se relevant, Théodore s'aperçut que sa voisine avait quitté sa place. Elle s'était mise à la fenêtre, qu'elle avait ouverte.

— Qu'a-t-elle donc? demanda Théodore. Est-elle malade?

— Oui, elle a la maladie du pressentiment. J'ai, vous le savez, une mauvaise nouvelle à lui apprendre, et, bien que je ne lui aie rien dit, mon secret s'évapore.

— Imbécile que je suis ! dit Théodore.

— Cela se passera, reprit Bernier. C'est une fille qui ne peut pas s'arrêter pendant dix minutes sur la même idée, heureusement pour elle.

Comme Francis achevait de parler, Camille se retournait du côté des jeunes gens. On eût dans ce moment moulé sur ses traits la figure de l'Anxiété. Croyant n'être pas entendu par elle, Théodore, qui jouait imprudemment avec la salière gauloise, en renversa quelques grains sur la table, chose permise à la fin d'un dîner où la gaieté avait eu son couvert. Il venait de dire un de ces mots qui sont les fruits défendus d'une conversation, et que les femmes qui ont de jolies dents ne craignent pas de rencontrer dans la corbeille du dessert. Camille avait entendu, et se remit rapidement à la fenêtre pour croquer en plein air et sans embarras cette pomme un peu verte. Quand elle reparut, elle avait repris sa première physionomie. Un éclat de rire avait passé sur ses lèvres, et la tristesse l'avait quittée comme un masque dénoué qui tombe d'un visage. Francis l'avait bien dit, lui qui la connaissait : sa pensée étourdie ne pouvait s'immobiliser. C'était une linotte qui changeait de branche, et qui venait de sauter de la branche épineuse sur la branche fleurie. Francis demanda la carte, et Théodore commit la maladresse de la regarder en amateur. Il put se convaincre alors qu'on pouvait très-bien dépenser trois louis pour dîner à trois. Et cependant, pensa-t-il, il n'y avait point d'entrecôtes !

On quitta le restaurant. Sur le seuil, Camille fut abordée par une pauvre femme qui lui fit présenter un bouquet de violettes par la main d'un petit enfant de deux ans, que le froid faisait trembler. Camille fouilla dans ses poches. — J'ai perdu ma bourse, Francis, dit-elle ; prêtez-moi la vôtre.

Le jeune homme lui offrit un élégant porte-monnaie, où elle prit la première pièce qui lui vint sous les doigts et la mit dans la main du petit enfant à la place du bouquet. L'enfant la laissa tomber à terre ; sa mère la ramassa. Francis avait entendu le son de l'or, et voulait retourner ; mais Camille l'entraîna. — Vous êtes folle, ma chère, lui dit-il en reprenant son porte-monnaie.

— Pourquoi n'avez-vous jamais le sou ? lui dit Camille ; ça prouve que vous ne pensez pas aux pauvres.

— Faire une folie n'est pas faire l'aumône, reprit Bernier moitié sérieux, moitié plaisant. On aurait pu changer.

— Est-ce que ce petit marchand de violettes avait la monnaie de vingt francs? Il ne l'aura peut-être jamais, répliqua la jeune femme en riant.

Pour parler d'autre chose, Bernier lui dit : — A quoi donc pensez-vous ? C'est très-bête d'avoir perdu votre bourse... Aviez-vous beaucoup dedans encore ?

— Je ne sais pas, répondit Camille avec négligence... Mais je ne suis pas inquiète, on l'aura trouvée.

Comme elle achevait cette réflexion, elle poussa un petit cri de surprise.

— Qu'y a-t-il encore ? demanda Francis.

— La voilà !

Et elle tira de son manchon une petite bourse en filet qu'elle agita gaiement.

— Quelle étourdie vous êtes ! lui dit Francis. Vous l'aviez cherchée partout, et vous l'aviez sous votre main.

— C'est comme ça dans la vie, répondit-elle avec une inflexion de voix grave et mélancolique, il y a des choses qu'on cherche ailleurs et qu'on a sous la main... Voici vos vingt francs, ajouta-t-elle en rendant un louis à Bernier, qui la remercia et mit l'or dans sa poche.

— Tiens ! fit-elle dix pas plus loin ; j'ai perdu mon bouquet.

Francis s'arrêta, regarda Camille sous le nez, et partit d'un immense éclat de rire. Camille se mit à rire en regardant Bernier, dont l'hilarité lui était expliquée, et Théodore se mit à rire en regardant Camille. Ils furent obligés de s'arrêter, on commençait à les suivre.

— Voilà un joli bonnet, je vais entrer le marchander, dit la jeune femme en ouvrant la porte d'un magasin de modes. Attendez-moi.

Les jeunes gens allumèrent un cigare.

— Charmante créature ! dit Théodore.

— Oui, mais, interrompit Francis en frappant avec un geste significatif son index sur son front, elle s'est un peu cogné le cerveau en venant au monde.

— C'est égal, dit Théodore...

— C'est égal quoi ?

— Il y a plus d'une petite dame qui, si elle avait perdu sa bourse, ne l'aurait pas retrouvée au moment où elle vous aurait dû de l'argent.

— La parole de Camille et sa probité en toutes choses sont celles d'un homme d'honneur, répondit Bernier.

Entrée dans le magasin pour y acheter un bonnet, Camille eut un nouveau caprice, et fit l'acquisition d'un petit mouchoir brodé. — J'en étais bien sûr, dit

Francis en riant. Allons, continua-t-il en lui offrant le bras, dépêchons-nous, le spectacle va être avancé.

— Nous allons donc au théâtre, décidément ? demanda Camille.

— Puisque c'est convenu et que j'ai le coupon.

— J'en suis fâchée, reprit la jeune femme ; j'aurais voulu achever une lettre que j'ai commencée pour Léon, lui dit-elle à l'oreille.

— Vous la finirez demain. On joue une pièce amusante qui vous fera rire.

— Vous me le promettez ?

— Je vous le promets.

— Moi, dit Théodore, je vous demande la permission de vous quitter.

— Il est encore de bonne heure. Montez voir un acte avec nous, fit Bernier avec instance.

— Non ; vous savez, j'ai mon roman qui m'attend.

— A propos ! s'écria Camille, j'ai oublié de dire à ma bonne de reporter des volumes qu'un monsieur est très-pressé de lire, à ce qu'il paraît...

— Eh bien ! ce monsieur attendra, dit Francis, ce n'est pas un grand malheur.

Théodore dressa l'oreille.

— C'est qu'en rentrant je serai punie de ma négligence, continua Camille. Le cabinet de lecture sera fermé et je n'aurai pas la suite de... (Elle cita le titre du roman.) C'est très-intéressant; j'ai passé la nuit à le lire.

Cette fois Théodore n'eut plus aucun doute; il se mit à rire, et comme son compagnon lui demandait ce qu'il avait : — J'ai que c'est moi qui suis le monsieur pressé dont parlait madame. Nous lisons le même roman, et nous avons le même cabinet de lecture.

— Au fait, je n'y pensais pas, interrompit Bernier, cela doit être, puisque vous logez dans la même rue.

— Vous ne m'aviez pas dit que madame fût ma voisine, quand vous êtes descendu de chez moi pour aller la prendre.

— Eh! le savais-je? madame, reprit Francis, ne m'avait point appris qu'elle était déménagée depuis six semaines, de sorte que j'ai été à son ancienne adresse, où l'on m'a donné la nouvelle. Sans doute vous êtes voisins !

— Mon voisinage n'est pas heureux pour monsieur ce soir, puisque mon oubli le prive d'un plaisir sur lequel il avait compté, dit Camille.

Tout en causant, on était arrivé devant le théâtre du Vaudeville, dont un *relâche* subit avait éteint les lumières. Comme à ce contre-temps venait se joindre un commencement de pluie qui rendait la promenade impossible, il fut décidé, après un petit conciliabule sur l'emploi de la soirée, qu'on irait prendre le thé chez Camille. Théodore refusait, craignant d'être indiscret; mais elle insista, disant que c'était plutôt son invitation qui était indiscrète, puisqu'elle avait le dessein de lui demander un croquis pour son album. — Et puis, dit-elle, c'est une occasion pour avoir la suite de mon roman.

— Théodore accepte, c'est convenu, dit Francis en mettant Camille en voiture, car elle avait demandé à prendre les devants. — Dans trois quarts d'heure nous serons chez vous. Peut-on apporter des cigares?

— Ce n'est pas la peine; il y a ceux que Léon a laissés.

— Au fait, dit Bernier, depuis trois mois qu'il est parti, ils doivent être secs.

La voiture s'éloigna, et Théodore s'étonnait que la jeune femme ne les en eût point fait profiter, lorsque son ami lui en expliqua le motif. — Son petit intérieur n'est sans doute pas en ordre, dit-il, car elle a une bonne qu'elle occupe exclusivement à lui tirer les cartes ou à bavarder, tant elle a besoin d'entendre du bruit autour de sa pensée. Maintenant que Camille vous sait son voisin et que vous avez fait connaissance, je ne serais point étonné, si vous lui plaisez, qu'elle n'aille de temps en temps se pendre à votre sonnette. — Et surprenant un sourire sur les lèvres de Théodore : — De tout ce que vous avez vu ou entendu déjà, de tout ce que vous pourrez entendre ou voir de bizarre dans cette femme, n'en allez point prendre d'elle une idée qui pourrait prêter à l'équivoque. Si vous surprenez de sa part des apparences de coquetterie, elles sont sans intention. Elle entrera dans votre intimité si cela l'amuse, et vous laissera pénétrer dans la sienne si vous le voulez bien ; mais le jour où vous lui ferez une déclaration d'amour qui n'aura pas l'air d'une plaisanterie, elle regardera s'il n'y a point près d'elle une autre femme, et s'affligera en apercevant que c'est à elle que vous en voulez. Je vous dis tout cela pour votre gouverne, et c'est inutile, car je connais vos principes en matière de liaisons, et je les approuve ; mais il faut tout prévoir, et je veux vous éviter une école, au cas où vos relations futures avec Camille vous entraîneraient malgré vous.

— Mais, d'abord, qu'est-ce qui dit que je la reverrai? interrompit Théodore.

— C'est moi qui le dis. Une distraction à portée de son ennui ! mais elle sera chez vous du matin au soir — exclusivement. Au reste, elle a de petits talents utiles ; elle raccommode le linge — très-mal, et les querelles d'amour — très-bien.

— Ah ! permettez, permettez, dit Théodore; c'est que j'aime bien à être seul quelquefois.

— Oh ! mais il ne faudra pas vous gêner avec elle ; vous ferez comme moi, vous la consignerez. Il y a six semaines, lorsque les amis de son amant chez lesquels elle peut aller se trouvaient encore à Paris, nous nous étions arrangés pour lui donner un jour. Moi, j'étais M. Dimanche ; un de mes camarades, appelé Maurice, était M. Lundi.

— Ah ! oui, M. Maurice, celui qui ne sait plus l'heure, dit Théodore. — Et comme Francis le regardait avec étonnement, il lui fit part de sa trouvaille de la veille, et, quand il eut avoué son indiscrétion, lui demanda conseil sur l'usage qu'il devait faire de la lettre oubliée entre les pages du roman.

— Jetez-la au feu, répondit Francis. Camille va tout mettre sens dessus dessous chez elle pour la retrouver. Ça l'occupera toujours un peu.

On était arrivé. Le logement occupé par Camille était petit sans être incommode. Les fenêtres du salon et de la chambre à coucher donnaient sur des terrains vagues, celles de la salle à manger sur des cours faisant suite à celle de la maison voisine habitée par Théodore.

— Ah ! madame, vint dire la bonne à Camille après qu'elle eut fait entrer les jeunes gens dans le salon, c'est le peintre à la barbe rouge !

— Je le sais, fit Camille, occupée à quitter sa

toilette de ville. Je vous avais priée, Marie, de faire un point à ce petit accroc, dit-elle en passant une robe de chambre.

— Madame sait bien que nous n'avons pas pu retrouver la soie, répondit Marie.

Camille rejoignit ses invités et les trouva occupés à allumer le feu eux-mêmes. Comme il n'y avait pas de crayons, l'illustration de l'album fut remise à une autre fois. Camille fit gentiment les honneurs de son thé, qu'elle servit froid. Elle donna gaiement le ton d'une causerie familière qui fit passer l'heure sans qu'on l'entendît sonner. Il y eut un moment où la bonne, qu'on n'avait pas appelée, entra au salon une tasse à la main. Camille lui versa du thé et lui tendit l'assiette aux gâteaux. La bonne sortit en remerciant. Ce détail trahissait entre la servante et la maîtresse une familiarité qui avait son origine dans l'oisiveté de celle-ci. Ayant aperçu un piano, Théodore pensa que Camille était musicienne, et crut devoir, par politesse, lui demander de jouer quelque chose. Elle s'excusa en riant. — Je n'en sais pas jouer, dit-elle; puis, élevant le flambeau à la hauteur d'un portrait suspendu au-dessus de l'instrument, elle ajouta: Voici le musicien.

— Oh! musicien! fit Francis, Léon n'est pas fort.

Théodore regarda le portrait. C'était une figure

distinguée et sympathique. — N'est-ce pas qu'il est bien ? demanda Camille. — L'artiste répondit de manière à satisfaire l'élan de vanité qu'elle n'avait pu dissimuler. Il crut devoir, par convenance, donner aussi un éloge à la peinture, qui était de Francis. Et comme, tout en parlant, sa main s'était posée machinalement sur l'instrument, ses doigts rencontrèrent les premières mesures d'un air qui fut reconnu par Camille. — Ah! monsieur, lui dit-elle, si j'osais vous prier... C'est la *chanson du capitaine*. J'ai cru l'entendre chanter quelquefois dans le voisinage.... C'était vous sans doute.

— Si on chantait faux, ce devait être moi, madame, répondit-il.

La jeune femme sentit qu'elle rougissait, car c'était bien son opinion ; mais elle ne comprenait pas comment l'artiste pouvait l'avoir devinée. Cédant aux instances qu'elle renouvela, il consentit à chanter accompagné par Francis. Cette *chanson du capitaine* était une de ces improvisations qui viennent on ne sait d'où, et que le sentiment naïf qui les a dictées fait survivre au temps où elles sont nées. Celle-ci peut-être avait été composée dans l'ombre d'une geôle pénitentiaire par un soldat menacé des rigueurs du code martial : c'était l'histoire d'un pauvre garçon engagé par dépit amoureux, que la nostalgie du pays et de l'amour surprend au bout de quelques étapes, et qui déserte avec armes et bagages.

> Je me suis engagé
> Pour l'amour d'une belle,
> Non pour mon anneau d'or
> Qu'à d'autr' elle a donné,
> Mais à caus' d'un baiser
> Qu'elle m'a refusé.
>
> Je me suis engagé
> Dans l' régiment de France.
> Là où que j'ai logé,
> On m'y a conseillé
> De prendre mon congé
> Par-dessous mon soulier.
>
> Dans mon chemin faisant,
> Je trouv' mon capitaine.
> Mon capitain' me dit:
> Où vas-tu, Sans-Souci?
> — Je vais dans ce vallon
> Rejoind' mon bataillon.

Ici une lacune, sans doute. Pendant que le chef reconnaît un déserteur, celui-ci reconnaît au doigt de son chef l'anneau qui a appartenu à sa maîtresse.

> Auprès de ce vallon
> Coule claire fontaine.
> J'ai mis mon habit bas,
> Mon sabre au bout d' mon bras,
> Et je me suis battu
> Comme un vaillant soldat.
>
> Là-bas, dans les prés verts,
> J'ai tué mon capitaine.

Mon capitaine est mort,
Et moi je vis encor;
Oui, mais avant trois jours
Ce sera-t-à mon tour.

Celui qui me tûra
Sera mon camarade.
Il me band'ra les yeux
Avec son mouchoir bleu,
Et me fera mourir
Sans me faire souffrir.

Que l'on mette mon cœur
Dans un' serviette blanche;
Qu'on l'envoie au pays,
Dans la maison d' ma mie,
Disant: Voici le cœur
De votre serviteur !

Soldats qui m'écoutez,
Ne l' dit' pas à ma mère;
Mais dites-lui plutôt
Que je suis à Breslau,
Pris par les Polonais,
Qu'ell' n' me r'verra jamais.

Tel est ce petit drame que les conscrits chantent encore avec attendrissement autour des feux de bivouac, pendant que les sentinelles échangent autour du camp leur cri de vigilance. Camille n'avait entendu cette chanson qu'une fois, mais, on le sait par sa lettre, dans une circonstance chère à son cœur. C'était une fleur de plus à joindre au bouquet des bons souvenirs. Après que Théodore eut chanté, elle lui demanda d'écrire la chanson sur l'album. Il y consentit.

— Marie, où est la plume? dit Camille, qui plaçait un encrier sur un guéridon.

— Madame, répondit la camériste tout en prenant son thé, la plume doit être tombée au coin de la cheminée, dans une fente du plancher.

— O Camille, ange du désordre! dit Francis, qui avait pris un flambeau et cherchait l'objet demandé, qu'il trouva effectivement à l'endroit indiqué.

Minuit sonnait comme les jeunes gens quittaient la jeune femme. Francis mit Théodore à sa porte en lui donnant un prochain rendez-vous pour leurs affaires personnelles.

Rentré chez lui, Théodore se frappa le front et répéta le mot de Bernier : — O Camille, ange de l'étourderie ! — Et mon roman? Après tout, si elle a oublié de me le donner, j'ai oublié de le lui demander, pensa-t-il, et je n'étais monté chez elle que pour cela!

Il pensa qu'elle le lui enverrait le lendemain ; mais dans cette journée du lendemain il essaya vainement deux ou trois fois de se rappeler au souvenir de l'oublieuse voisine en chantant à la fenêtre la *chanson du capitaine*; il n'eut aucune nouvelle de Camille ni du roman. Cependant, le soir, à cinq heures, comme il allait dîner, il aperçut sa voisine qui montait dans une voiture arrêtée à sa porte. Un jeune homme lui donnait la main à la portière, et Théodore eut assez le temps de le voir pour reconnaître la figure du portrait ou le portrait de la figure de Léon. — Ah! fit Théodore, arrêté involontairement, elle doit être bien contente!

V

La liaison de Camille avec Léon d'Alpuis datait déjà de plusieurs années. Une de ces étourderies communes à la jeune femme en avait été l'origine. Camille tenait les livres et la caisse dans un magasin d'objets de fantaisie où Léon était entré un jour pour acheter un cadeau à sa mère, dont c'était la fête. Le commis préposé à la vente étant absent, ce fut Camille qui fit le marché; mais lorsque Léon se fut éloigné, emportant un coffret d'écaille payé cent francs, elle s'aperçut, en retrouvant l'étiquette détachée de l'objet vendu, qu'elle avait commis une erreur de cinq louis au préjudice de la maison. L'acheteur était trop loin pour qu'elle pût espérer le rejoindre. Il fallait ou déclarer la perte à son patron ou remplacer de sa bourse l'argent qui allait manquer à la caisse, car elle avait inscrit le coffret sous son véritable prix. Ce fut au dernier parti qu'elle s'arrêta, bien que cette restitution dût faire une brèche à ses petites économies ; mais elle préféra supporter les conséquences de son étourderie plutôt que de risquer un aveu de nature à alarmer son patron sur l'avenir. Par ce moyen, elle évitait toute une série de remontrances qui l'eussent impatientée. Malheureusement elle n'eut point le temps d'aller prendre de l'argent dans sa chambre avant la vérification des comptes de la journée, qui se faisait chaque soir. On s'aperçut de l'erreur avant qu'elle l'eût déclarée. Dans un mouvement d'humeur, le patron laissa échapper quelques mots dans lesquels la jeune fille vit autre chose qu'un reproche adressé à sa négligence. Elle monta chez elle, prit cent francs, et vint les restituer à la caisse en manifestant l'intention formelle de quitter la maison le lendemain même. On lui fit des excuses, on lui proposa de passer l'erreur à profits et pertes : Camille maintint sa décision, et le lendemain, comme elle avait dit, un fiacre la transportait, elle et ses effets, chez une de ses amies, la seule connaissance qu'elle eût à Paris.

Le jour même du départ de Camille, Léon d'Alpuis, accompagné d'un de ses cousins, se présentait au magasin. Le cousin, ayant regardé les étagères, indiqua un nécessaire au marchand et en demanda le prix.

— Deux cents francs, répondit celui-ci. Léon parut fort étonné.

— Eh bien ! mon cher, lui dit son cousin, tu as perdu ton pari; j'étais bien sûr aussi qu'un nécessaire pareil à celui que tu m'as montré coûtait plus de cinq louis.

— C'est pourtant la somme que j'ai payée hier, ici même, à une demoiselle que je ne vois plus, fit Léon, qui regardait autour de lui. Le marchand intervint entre les deux jeunes gens, et raconta ce qui s'était passé la veille, son altercation avec Camille et le départ de celle-ci.

— Je ne puis l'entendre ainsi, dit Léon. Il est déjà fâcheux que cette jeune personne ait perdu son emploi, il ne serait pas juste que je profitasse de son erreur. Voici ma carte, faites-la-lui parvenir en la prévenant que je tiens à sa disposition la somme qu'elle a tirée de sa bourse.

— Elle est partie sans dire où elle allait, répondit le marchand. Mais un homme de peine, employé du magasin, savait l'adresse de Camille et l'indiqua aux deux jeunes gens, qui se rendirent aussitôt chez la jeune fille et ne la trouvèrent pas. Ils furent reçus par l'amie qui lui donnait asile. Ne voulant pas initier un tiers au motif de sa visite, Léon écrivit à Camille et lui expliqua en termes ménagés ce qu'il aurait pu lui dire à elle-même. Il laissait son adresse, et demandait qu'elle lui fît savoir quel moyen il devait employer pour lui faire parvenir la somme dont il se croyait redevable envers elle. La réponse ne se fit pas attendre. Le lendemain matin, il recevait d'elle un billet ainsi conçu : « Vous ne me devez rien, monsieur ; si j'avais brisé dans mon magasin un objet de valeur, et qu'on me l'eût fait payer, comme c'est l'usage, vous ne vous seriez pas cru responsable de cette maladresse. Ce qui est arrivé hier à propos de votre acquisition est la même chose, et votre délicatesse n'a rien à réparer dans mon étourderie. »

Léon montra lettre à son cousin. — Cette jeune fille est fière, dit-il.

— Hum ! reprit le cousin, sa fierté m'inquiète ; j'ai peur que ce ne soit de la rouerie.

Léon insista cependant pour avoir le cœur net de ce refus ; il retourna chez Camille, qu'il ne trouva pas. Voulant couper court à l'aventure, il laissa les cinq louis à son amie, priant celle-ci de les lui remettre. Le même soir, en rentrant chez lui, il trouva chez son concierge une boîte cachetée renfermant les cinq pièces d'or enveloppées dans ce court billet : « Vous avez sans doute égaré avant de la lire, monsieur, la lettre que j'ai eu l'honneur de vous écrire hier. Faites-la chercher ; elle vous expliquera pourquoi je vous renvoie ce que vous êtes venu déposer chez moi et que j'espère bien n'y plus retrouver. »

— Doutes-tu encore de la fierté de cette fille? demanda Léon à son sceptique cousin.

— Il n'y a qu'une chose dont je ne doute pas, répliqua celui-ci, c'est que tu seras dans un mois, ou plus tôt, en liaison réglée avec mademoiselle Camille, qui est en train de faire avec toi de la dignité à cinquante pour cent.

Pendant qu'elle était l'objet de ces petits débats entre les deux cousins, Camille avait à subir les remontrances de son amie, qui ne comprenait pas ce qu'elle pouvait trouver de blessant dans la conduite de M. d'Alpuis. — Ne devines-tu pas, lui disait-elle, que ce jeune homme est amoureux de toi, et qu'il prend ce prétexte pour venir te voir? — Camille répondait à cela que Léon, ne l'ayant vue qu'une seule fois, pendant cinq minutes à peine, ne pouvait pas être épris d'elle, à moins que cet amour ne fût une impertinence. L'amie s'efforça de lui persuader que le jeune homme l'avait sans doute remarquée depuis longtemps dans son magasin, et que l'achat du coffret d'écaille n'avait été qu'un prétexte pour se rapprocher d'elle. — Alors il a perdu l'occasion, interrompit gaiement Camille, car il était seul avec moi, et ne m'a pas dit un mot. Mais, reprit-elle sérieusement, que ce monsieur soit amoureux de moi ou non, ses procédés me froissent, voilà qui est certain. Ne me parle plus de lui, tu m'obligeras. Ce qui est plus grave que tout ceci, c'est que le soleil de Pâques va me trouver avec une vieille robe et un vieux chapeau, moi qui rêvais une si jolie toilette d'été !

Camille faisait des démarches pour trouver de l'occupation dans un autre magasin ; mais pendant qu'on la promenait de promesse en promesse, ses petites ressources s'épuisaient peu à peu. Son amie essaya de ramener à son esprit le souvenir de Léon d'Alpuis. Camille l'arrêta net. — Je viens d'écrire dans mon pays, dit-elle, pour emprunter une petite somme à une personne de ma connaissance. Dès que j'aurai sa réponse, je me mettrai dans un hôtel en attendant que j'aie trouvé une place. Si j'avais cru te gêner aussi longtemps, je ne serais pas venue. — Son amie l'embrassa en lui jurant qu'elle ne la gênait pas; mais Camille, intérieurement, ne renonça pas au projet de quitter sa compagne aussitôt qu'elle le pourrait, et celle-ci, de son côté, n'abandonna pas la pensée de rendre Camille heureuse malgré elle.

Quant à Léon, bien qu'il n'eût fait aucune tentative pour revoir la jeune fille, il ne l'avait pas oubliée complétement. Cette préoccupation, d'abord un peu vague, se changeait en une sorte de curiosité. Il n'avait vu Camille qu'une seule fois et dans une circonstance où il ne l'avait pas remarquée assez pour qu'il pût se rappeler comment elle était; mais il la savait jeune et la supposait jolie. Un soir, étant au théâtre, comme il cherchait pendant un entr'acte s'il ne rencontrerait pas quelque visage de connaissance au bout de sa lorgnette, il aperçut, à la galerie, la jeune femme chez laquelle il était allé deux fois pour trouver Camille. Elle causait avec une autre femme assise auprès d'elle, et Léon eut comme un pressentiment que cette voisine pouvait bien être Camille elle-même. Il n'osait se l'affirmer cependant, ne pouvant admettre qu'il fût possible de voir une seule fois cette charmante figure sans qu'il restât dans la mémoire un souvenir au moins suffisant pour assurer une reconnaissance. Le hasard devait fixer les incertitudes de Léon; comme il quittait le théâtre à la fin du spectacle, il entendit à quelques pas de lui une voix de femme qui disait : — Prends garde, Camille, tu vas perdre ton châle.— Léon se retourna, et aperçut sous le péristyle les deux spectatrices qui avaient attiré son attention durant la soirée. L'une d'elles ramenait sur ses épaules son châle, qui en avait glissé. Comme elle s'était retournée, elle se trouva sous le regard de Léon, qui la salua. Camille parut embarrassée, serra le bras de sa compagne, et, se glissant dans la foule où Léon était arrêté, disparut à ses yeux sans qu'il pût la suivre.

A compter de ce jour, le souvenir de la jeune fille prit une place qui devenait de plus en plus envahissante dans la pensée de Léon. Il eut le besoin de la revoir sans oser pourtant se présenter chez elle. L'ayant rencontrée au théâtre, il supposa qu'elle y allait habituellement et devint d'une dévotion assidue au mélodrame. Par exception à ses habitudes, il courut les bals et les lieux de plaisir parisiens, mais il ne vit Camille en aucun endroit. Chaque matin, il prenait au contact de son cousin une belle résolution audacieuse, et se mettait en route pour aller chez Camille; mais, arrivé à la porte, il rôdait timidement et s'en revenait chez lui. Un jour il se croisa avec Camille dans la rue de celle-ci : elle allait sans doute faire quelque commission dans le voisinage, car elle avait la tête nue et portait sous son bras un petit paquet, qui paraissait contenir des étoffes. Au moment où Léon, qui marchait parallèlement avec elle de l'autre côté de la rue, allait la traverser, décidé à l'aborder, elle disparut dans l'allée d'une maison où se trouvait l'enseigne d'un mont-de-piété. Résolu à l'attendre, Léon se promena quelques instants sous les fenêtres de la maison où il l'avait vue entrer. La nuit vint, et le bureau de la détresse publique alluma son feu rouge. En voyant briller au-dessus de sa tête ce phare de la misère, Léon fut tourmenté par un pressentiment révélateur, qui fut bientôt confirmé lorsqu'il vit Camille sortir de l'allée noire, allégée du paquet qu'elle avait aux mains en y entrant. Il connaissait trop la fierté de son caractère pour l'aborder en ce moment, et, s'effaçant dans l'obscurité d'un angle, il la laissa passer devant lui, la suivant seulement des yeux.

Le lendemain, Camille recevait une lettre de Léon; le jeune homme ne faisait aucune allusion à l'incident du magasin, et encore moins à celui qu'il avait surpris la veille. Il parlait souvent de l'amour qu'elle lui avait inspiré, et la suppliait de lui permettre de la voir. La lettre était simple, exprimant moins le désir qu'une sympathie réelle. Léon ne faisait aucune offre de nature à blesser cette ombrageuse dignité. La lettre ne lui fut pas renvoyée, comme il l'avait craint, mais elle resta sans réponse. Deux jours après, il en écrivit une autre qui eut le même sort, puis une troisième, à laquelle Camille répondit. Sa réponse était nette et de nature à enlever toute espérance à Léon. Elle le priait de ne plus écrire. Le jeune homme lui obéit, mais il continua ses stations hasardeuses dans la rue où elle demeurait. Ce qu'il éprouvait pour elle, il ne pouvait clairement le définir. Tantôt il adoptait à son égard les opinions de son cousin, et la jugeait comme une femme habile aux manœuvres de la coquetterie; d'autres fois, il se passionnait jusqu'à l'emportement. Au milieu de ces alternatives, il reçut un soir une lettre d'une écriture inconnue, mais féminine. On lui apprenait que Camille venait de tomber malade de la fièvre typhoïde, et que, ne voulant pas rester à la charge d'une amie dont le dévouement avait épuisé les ressources, elle demandait à être conduite dans un hospice. Cette amie, instruite de l'intérêt que M. Léon d'Alpuis portait à Camille, avait cru devoir, à l'insu de celle-ci, lui faire connaître sa triste situation.

A la réception de ce billet, Léon prétexta auprès de sa famille un petit voyage de quelques jours et courut chercher un médecin qu'il emmena chez Camille. Le mal était dans toute sa force. Camille avait le délire et ne reconnut pas Léon, avec qui le médecin ne voulut pas s'engager avant une certaine crise qui ne devait pas tarder à se produire. Pendant quatre jours et quatre nuits, Léon resta auprès du lit de la jeune fille. La crise attendue avec tant d'anxiété amena une amélioration dans l'état de la malade. Le médecin commença à donner quelques espérances. Léon, qui avait épuisé le délai que ses parents lui avaient accordé pour son voyage, courut faire une apparition dans sa famille. Ce fut pendant son absence que Camille apprit de son amie tout ce qui s'était passé en dehors de sa volonté. Elle ne fit aucun reproche à celle-ci et s'endormit, brisée par une lutte de quatre jours avec la fièvre. Quand elle se réveilla, elle aperçut Léon au pied de son lit. Elle ne retira point sa main de la sienne, et le regarda longtemps sans lui parler ; puis, lui faisant signe de se rapprocher, elle lui dit faiblement : — Eh bien ! soit, si le bon Dieu le veut, nous nous aimerons.

Ce fut d'abord un étrange amour que cet amour déclaré et accepté dans le voisinage de la mort, car le mal, resté stationnaire pendant deux ou trois jours, offrait de nouveau des symptômes inquiétants. Léon ne songea même pas à trouver un prétexte pour vivre hors de chez lui ; il passait tout son temps auprès de Camille. Un soir qu'il était seul avec elle, il sentit sa main qui l'attirait vers l'oreiller où elle reposait sa tête : — Merci, lui dit-elle tout bas ; si l'on dit que dans ce monde aimer c'est vivre, grâce à vous je ne mourrai pas sans avoir vécu. — Comme s'il lui eût semblé qu'elle n'avait plus que quelques mots à dire, elle répétait toujours le même : — Je t'aime, oui, je t'aime ! Et quand sa voix affaiblie manquait de force, elle exprimait son unique pensée par les gestes, par les yeux. On eût dit que son âme, éveillée tardivement à la passion, voulait la dépenser tout entière. Si on lui répétait que la force de la jeunesse triompherait du mal, elle accueillait cette espérance d'être sauvée moins pour se tromper elle-même sur la gravité de son état que pour empêcher les autres de croire à un danger. Le médecin déclara un soir qu'il était nécessaire qu'elle fit couper ses cheveux, dont l'épaisseur nuisait à l'action des bains glacés. Elle ne voulut y consentir que sur la permission de Léon. L'opération terminée, elle lui donna ses cheveux, et lui demanda un miroir pour se regarder.— Si je guérissais par hasard, je serais bien laide : m'aimeriez-vous encore? lui dit-elle.

Quelques jours plus tard, le médecin annonça à Léon que la science avait dit son dernier mot. Camille le comprit à la douleur de celui-ci. Elle fit demander un prêtre. Pendant qu'on allait le chercher, elle attira Léon à son chevet. — Comme j'ai perdu du temps! lui dit-elle tout bas. Cet aveu, échappé à sa bouche, mêla une rougeur pudique à l'ombre mortelle qui planait déjà sur son front, où Léon posait le baiser du suprême adieu : première et chaste caresse que l'onction chrétienne allait sanctifier bientôt. Comme il pleurait silencieusement, elle lui passa les bras autour du cou, et, l'embrassant à son tour, elle lui murmura à l'oreille : — Ah ! je crois pourtant que je vous aurais rendu bien heureux !

— Tais-toi ! tais-toi ! fit Léon, qui éclatait en sanglots.

— Pourquoi me taire? ajouta-t-elle. Je ne dis rien de mal, et Dieu peut m'entendre ; je suis assez près de lui.

Léon sortit à l'arrivée du prêtre, qui resta seul avec la malade. Son ministère accompli, celui-ci se retira, et Léon rentra dans la chambre avec l'amie de Camille. Ils la trouvèrent fortifiée de cette sérénité que la religion donne aux mourants; elle attendait l'agonie, ce fut le sommeil qui vint. La nuit fut tranquille, et lorsque le médecin entra le lendemain matin, il parut étonné de n'être point accueilli par une mauvaise nouvelle. Il constata dans la situation de Camille un mieux qui ne lui permettait pas encore de revenir sur ses dernières paroles, mais qui jeta cependant un peu d'espérance dans le cœur de Léon. Dans la joie que trahirent les regards de son amant, Camille puisa comme une force de résistance contre la mort. L'amélioration étant devenue encore plus sensible dans la journée et dans la nuit suivante, Camille fut déclarée hors de danger.

Sa convalescence fut longue, mais entourée de soins qui ne la rendaient point impatiente d'en voir arriver le terme. Sûre d'avoir remis le pied dans la vie, elle y marchait doucement. Enfin, six semaines après le jour où elle avait trouvé Léon assis au chevet de son lit, elle sortait pour la première fois à son bras. Les circonstances qui avaient accompagné le début de leur liaison devaient lui donner un caractère sérieux qui jeta d'abord quelque crainte dans la famille de Léon lorsqu'elle en fut instruite. Le cousin, qui était revenu beaucoup sur le compte de Camille, fit entendre raison aux parents de Léon. — Si vous ne lui lâchez un peu la corde, il la brisera, leur dit-il. Il est arrivé à un âge où un jeune homme de famille doit avoir trois choses : un cheval, des dettes et une maitresse. Léon se passe de cheval, il ne fait pas de dettes; laissez-lui sa maîtresse, c'est une bonne créature, et maintenant que je la connais, je regrette d'en avoir pensé du mal autrefois.

Léon fut laissé libre, et depuis plusieurs années Camille réalisait la promesse qu'elle lui avait faite le jour où, près de mourir, elle lui avait dit : — Il me semble que je vous rendrais bien heureux. — Un jour cependant, le père de Léon avait pris son fils à part : — Mon ami, lui avait-il dit, tu as vingt sept ans. il faut songer à te marier. Il ne convient pas que j'entre dans tes secrets de garçon ; mais si tu étais engagé dans quelque liaison de jeunesse qu'il te fût

5.

pénible de rompre brusquement, prends les ménagements que tu croiras nécessaires à la situation. Je m'engage à n'apporter aucun empêchement à ce que cette rupture s'accomplisse d'une manière digne de toi. Je t'ai donné depuis quelques années la preuve d'une tolérance indulgente, ne m'en fais pas repentir, et prends note de ce que je t'ai dit.

En parlant ainsi à son fils, M. d'Alpuis n'avait encore aucun projet sérieusement arrêté à son égard. Le mariage dont il lui avait parlé n'existait encore dans son esprit qu'à l'état d'idée. Avant d'entamer aucune négociation, il souhaitait que Léon fût libre, et que son union avec la jeune fille qu'il lui destinait fût autre chose qu'une association de fortune. Au début de la passion de Léon pour Camille, il s'était inquiété de voir la tournure sérieuse que prenait cette amourette, et un moment il avait été sur le point de faire intervenir son autorité pour amener une séparation entre les deux jeunes gens ; mais à cette époque leur liaison avait déjà un an de date, et Camille, sans s'en douter, comptait des protecteurs dans la famille de son amant. Une vieille tante, qui adorait Léon et qui était un peu encline au romanesque, s'était amusée à faire la police des amours de son neveu, et formulait son opinion à l'égard de sa maîtresse d'une manière très-favorable à celle-ci. — Ce mauvais sujet a bon goût, disait-elle familièrement; sa petite conquête est charmante, et puisqu'elle sait le retenir auprès d'elle, laissons-les s'adorer tranquillement. Mieux vaut que Léon ait rencontré cette petite fille que d'aller courir et se ruiner avec des coquines à la mode.

L'esprit de famille est toujours un peu mathematicien. Après calcul fait, on s'aperçut que la liaison de Léon, au lieu d'enfler le chiffre de son budget de dépense, en avait amoindri le total annuel. A cette remarque, qui prouvait le désintéressement de Camille, s'ajoutaient d'autres observations également en sa faveur. Ainsi Léon ne témoignait aucunement, dans ses rapports avec ses parents, qu'il fût absorbé par une affection étrangère; il semblait, au contraire, s'efforcer de reconnaître, par des soins plus assidus, des attentions plus délicates, et une soumission absolue à tous leurs désirs, la liberté qu'ils lui abandonnaient tacitement d'être heureux en dehors de sa famille. Cependant Léon n'avait pu s'empêcher de songer quelquefois qu'un moment viendrait où il aurait à compter avec les exigences de la vie sociale; mais il n'y songeait que comme un homme qui a des engagements pour une échéance encore éloignée, et ne veut pas troubler la quiétude du présent par le souci de l'avenir. Au premier avertissement de son père, et comme mis à l'aise par la bienveillance que celui-ci lui témoignait, Léon crut pouvoir hasarder quelques confidences sur la nature de ses relations avec Camille, qui ne lui permettaient pas de la quitter d'un jour à l'autre sans brutalité et sans ingratitude. Son père l'interrompit en lui disant que ces confidences ne lui apprenaient rien qu'il ne sût déjà. — C'est précisément parce que je prévois tout ce que cette séparation aura de pénible, lui dit-il, que j'ai pris l'avance en te laissant du temps pour l'adoucir par toutes les précautions qu'il te plaira d'employer. Il est peu convenable, à un certain point de vue, qu'un père s'immisce en ces sortes d'affaires; mais ma complaisance passée devait amener naturellement celle dont je fais preuve aujourd'hui..... Tu n'as, je l'espère, demanda-t-il à Léon avec une sorte d'inquiétude, fait à cette jeune fille aucune promesse qui engage ton avenir?

— Aucune, et elle ne m'en a jamais demandé, répondit Léon.

— Alors, reprit le père, il faut la préparer à un dénoûment qu'elle a dû prévoir, et puisque tu m'obliges à être précis, je t'autorise à prendre à son égard les dispositions dont tout galant homme accompagne ordinairement la rupture d'une liaison qui a été convenable.

— Oh! mon père, dit Léon, Camille n'est pas une femme que l'on a et que l'on quitte pour de l'argent. Elle acceptera notre séparation parce qu'elle la sait nécessaire ; mais toute autre chose sera refusée, j'en suis sûr.

— Ce sera à toi de vaincre, si tu les rencontres, des scrupules qui seraient exagérés, lui dit son père. Une femme qui aime un homme et s'est bien conduite avec lui peut accepter non l'offre vulgaire d'un payement, mais des ressources qui deviennent un dernier témoignage d'affection pour elle, quand elles doivent la préserver d'une misère qui serait un remords pour celui qui la quitte... Je ne crois pas, acheva M. d'Alpuis en souriant, que tous les pères de famille se montrent aussi conciliants, mais je ne veux pas que l'accomplissement de ma volonté soit rigoureux pour le fils que j'aime... et pour celle qui l'a aimé. Allons, mon enfant, reprit-il en voyant que Léon s'attendrissait un peu, c'est assez d'émotion. La vie est la vie.

A la suite de cette conversation avec son père, Léon lui avait demandé au moins trois mois pour préparer sa rupture avec sa maîtresse. — Prends-en six, avait répondu M. d'Alpuis; mais au bout de ce temps sois libre.

Léon contrastait singulièrement par le caractère

et le langage avec les jeunes gens dont le scepticisme feint ou véritable profite de toutes les issues que l'esprit peut ouvrir pour échapper au sentiment. Son éducation, qui avait été faite dans la famille, et l'habitude d'y vivre, avaient perpétué en lui des traditions de respect et d'obéissance qui ne sont pas toujours intactes à vingt-cinq ans ; mais l'âge n'avait émancipé que son intelligence, son cœur était resté enfant. Si, comme il en avait eu l'idée, son père, au début de sa liaison avec Camille, avait exigé qu'il y renonçât et fît un voyage, Léon, sans doute, aurait souffert, étant sérieusement épris, mais il serait parti. Aujourd'hui, après l'avoir imprudemment peut-être laissé libre pendant quatre ans, on le rappelait sous la dépendance du devoir : il montrait les mêmes dispositions dociles à s'y rendre. Après l'engagement pris avec son père, il était décidé à aller dire à Camille : — Nous avons encore six mois à être heureux, et après nous ne serons plus qu'un souvenir l'un pour l'autre. Au lieu d'attrister les derniers jours que nous avons à passer ensemble, veux-tu y mettre tant de bonheur que le souvenir nous en reste éternel ? — Cet aveu loyal fut arrêté sur les lèvres de Léon par une confidence de sa vieille tante. — Ton père a des projets sur toi, mon enfant, lui dit-elle, et il est question de nous faire aller à la noce. Ainsi profite de la dernière année de ta vie de garçon. A propos, et ta petite? l'aimes-tu toujours ?

— Toujours, ma tante.

— Allons, reprit la bonne femme, ta future te la fera oublier. Puis elle lui cita le nom de la jeune fille à laquelle on songeait pour lui dans sa famille, et commit l'étourderie d'avouer à Léon que ce mariage rencontrerait peut-être quelques difficultés, car un des parents de mademoiselle d'Héricy, qui devait lui laisser une fortune considérable, ne trouvait pas celle du fils de M. d'Alpuis suffisante. Mademoiselle d'Héricy était d'ailleurs encore trop jeune, et, en supposant que le mariage dût s'accomplir, il devait, dans tous les cas, se trouver reculé bien au delà de l'époque qu'on avait fixée à Léon pour qu'il eût reconquis sa liberté. Il jugea donc inutile d'alarmer Camille aussi longtemps à l'avance, et continua à vivre avec elle comme par le passé.

Au bout de plusieurs mois, n'ayant reçu aucun avertissement nouveau et ayant appris par sa tante que des circonstances obligeaient son père à renoncer provisoirement à ses projets, il supposa qu'un nouveau délai lui était accordé tacitement ; mais, au moment où il s'attendait le moins à voir troubler la tranquillité dont il jouissait, en plein hiver, à la veille de Noël, M. d'Alpuis annonça à son fils qu'ils étaient invités à de grandes chasses sur les domaines de M. d'Héricy, leur voisin de campagne, et qu'il fallait se préparer à partir. Léon alla aux nouvelles auprès de sa tante. Il trouva la bonne dame occupée à ses préparatifs de voyage. — C'est pourtant à cause de vous, beau neveu, lui dit-elle, que toute la maison va s'ensevelir dans la neige. — Et elle lui expliqua brièvement la situation. Celui des parents de mademoiselle Clémentine d'Héricy qui avait fait quelques obstacles à son mariage avec Léon était mort. La famille d'Héricy profitait de ce deuil pour aller passer l'hiver à la campagne, et c'était chose convenue avec les parents de Léon que ceux-ci iraient en même temps habiter leur propriété. Les rapports de voisinage qui ne manqueraient pas de s'établir entre les deux familles amèneraient également entre les jeunes gens qu'on souhaitait unir des rapprochements plus familiers que ceux permis à la ville. — Et si vous vous plaisez l'un à l'autre, comme on l'espère, à moins que vous ne soyez très-difficiles l'un et l'autre, acheva la bonne tante, on vous mariera aux lilas. Voilà ce qui se passe, beau neveu. Aide-moi à mettre mes robes dans les malles, et ne les chiffonne pas trop, ajouta-t-elle.

— Et quand partons-nous, ma tante? demanda Léon avec inquiétude.

— Monsieur ton père, lui dit-elle, nous traite comme si nous étions des conspirateurs et qu'il fût préfet de police : il nous accorde vingt-quatre heures pour faire nos paquets.

Léon supplia sa tante de faire naître des lenteurs qui occasionnassent un retard.

— Ta mère et moi, répondit-elle, nous sommes décidées à résister même à la gendarmerie, si ton père veut nous faire partir avant que les couturières et les modistes aient achevé leurs commandes. Si tu as de ton côté quelques petites affaires à expédier, tu peux compter au moins sur deux jours.

VI

Léon courut chez Camille sans intention arrêtée, mais disposé cependant à préparer l'aveu que la nécessité l'obligeait à lui faire. Il ne la trouva point seule chez elle, et fut presque content que la présence d'un tiers vînt fournir un prétexte à son silence. Camille était avec une jeune femme de son voisinage, une des rares connaissances féminines qui eussent été tolérées par Léon. Il devina que sa présence venait interrompre quelques confidences sentimentales, en s'apercevant que l'amie de Camille avait les yeux rouges et que son émotion avait gagné sa maîtresse. Resté seul avec celle-ci, il lui demanda ce qui s'était passé.

— C'est cette pauvre fille qui vient de me raconter ses chagrins, répondit Camille : son amant la quitte pour se marier.

— Et comment la quitte t-il? demanda Léon, qui voyait dans ce rapprochement de situation offert par le hasard une porte ouverte à un commencement d'aveu.

— Oh! il agit fort mal, répliqua Camille; il lui a jeté brutalement cette nouvelle sur le cœur comme un pavé.

Léon se sentit mal à l'aise sous le regard de sa maîtresse, et, pour diminuer son embarras, il se mit à marcher dans la chambre en fumant.

— Mais, dit-il en observant l'impression que sa question pourrait faire naître, ce garçon a de la fortune, je crois, et en jetant ce pavé, comme tu dis, il a dû avoir soin de l'envelopper de manière à amortir le coup.

— Cela ne justifie pas sa manière d'agir, qui a été brutale et cruelle, répondit Camille. On ne met pas brusquement à la porte de sa vie, en la prévenant d'un jour à l'autre, une femme qu'on dit avoir aimée.

— Ainsi, reprit-elle avec une grande vivacité, car c'était une des facultés de sa nature sensible de s'imprégner, pour ainsi dire, de la passion d'autrui, — ainsi voilà le premier et le dernier mot des hommes avec les femmes qui leur donnent les plus belles années de leur existence. De l'argent, et tout est dit!

Elle prit sa tête dans ses mains, et, presque accroupie au coin de son feu, resta silencieuse. Leon comprit qu'il n'avait rien à dire, à moins de tout dire.

— Eh bien ! après tout, fit Camille sortant de sa stupeur et secouant la tête comme pour faire tomber les pensées qui l'obsédaient, n'est-ce pas toujours ainsi que cela doit finir ? N'ont-elles pas raison, celles-là qui ne voient dans un amant qu'un compagnon passager au bras duquel elles marchent joyeuses, en renouvelant chaque matin leur provision d'amour quotidien, celles pour qui le mot adieu n'est qu'un point qu'on pose tranquillement après une phrase achevée? Ah! bonne fée, bonne fée, toi qui donnes l'insouciance à tes filleules, pourquoi n'es-tu pas ma marraine ?

— Camille ! Camille ! s'écria Léon en s'approchant d'elle.

Elle l'attira à ses côtés, et lui dit tout bas en lui passant les bras autour du cou : — Pardonne-moi, on m'a soufflé ce soir une bouffée de mauvais air dans l'esprit. Que veux-tu? ajouta-t-elle en mettant un baiser pour sourdine à ses paroles, comme si elle eût craint de les faire trop entendre ; je sais que mon bonheur habite une maison de paille, et je m'effraye quand le voisin crie au feu. Tiens, reprit-elle en se levant et en allant décrocher un calendrier neuf que son facteur lui avait apporté dans la journée, tous les ans à cette époque-ci, quand je vois l'almanach de l'année prochaine, je ne puis m'empêcher d'être inquiète en regardant ces longues colonnes qui représentent les mo' et les jours. Je me demande tout bas si nous irons ensemble jusqu'au bout...

Léon voulut l'interrompre, car en l'écoutant il était inquiet et oppressé comme un homme qui voit un enfant jouer avec une arme chargée. — Pourquoi nous attrister en parlant d'une chose qui est encore probablement si lointaine? dit-il.

Camille ne s'aperçut pas heureusement du démenti que le son de la voix de Léon donnait à ses paroles. —Lointaine, mais certaine, reprit-elle. Je puis parler de cette chose sans trop m'attrister, mais seulement quand tu es avec moi. Et puis, ne voit-on pas tous les jours des gens qui se portent bien parler de la mort? Cela ne fait pas mourir plus vite qu'à son heure. Nous devons nous séparer un jour...

— Tais-toi, dit Léon en lui serrant la main.

Camille insista. — Nous devons nous quitter, reprit-elle; mais il ne peut y avoir entre nous qu'une séparation définitive occasionnée par ton mariage. Un garçon de ton âge ne se marie pas comme une petite demoiselle à qui sa mère vient dire un jour, en lui présentant un futur : Ma fille, voici monsieur un tel qui vous épouse après-demain, faites-lui la révérence et cachez votre poupée. Tu seras instruit à l'avance des projets de ta famille, tu pourras même les deviner, on t'obligera à aller plus fréquemment dans le monde, on te ménagera des rencontres avec une héritière bien dotée qu'on t'aura choisie. Tu entendras enfin autour de toi des chuchotements vagues dont il te sera facile de pénétrer le sens. Eh bien ! je demande à être avertie dès ce moment.

En écoutant Camille, Léon se demandait intérieurement si quelque avis anonyme ne l'avait pas prévenue du danger qui la menaçait, et si ses paroles n'avaient pas pour but d'en provoquer l'aveu. Cet aveu vint jusqu'au bord des lèvres de Léon ; mais, au moment de parler, il éprouva une impression étrange, comparable à celle que peut éprouver un chirurgien qui va pratiquer une opération difficile, et que la tranquillité du sujet effraye plus que ne le ferait sa résistance. Ce qui l'avait alarmé le plus jusque-là, il faut le dire, c'était surtout la préoccupation de la douleur que cet aveu causerait à sa maîtresse, et ce fut surtout au moment où elle lui parlait elle-même de leur rupture, dans un avenir encore lointain et indéterminé, qu'il comprit cette chose si simple qu'une rupture l'éloignerait autant de Camille qu'elle séparerait celle-ci de lui-même. Camille s'était rapprochée de lui, accroupie sur le tapis, au pied de la chaise où Léon se trouvait rêveur, cachant son visage dans l'ombre pour dissimuler son émotion. Elle reprit doucement, continuant sa pensée :—Je veux que tu me préviennes à l'avance. Sois tranquille; je ne te tourmenterai pas, d'aucune façon. Tu as déjà mis assez de bonheur dans ma vie pour que j'aie perdu le droit d'accuser la destinée quand elle se montrera sévère. En m'aimant il y a quatre ans, tu ne m'as rien promis que de m'aimer; mais jusqu'ici tu as tenu ta promesse, et je ne crois pas t'avoir rendu la fidélité rigoureuse. Nos troubles et nos bouderies n'ont jamais eu de motif sérieux. C'étaient de petits nuages légers qui passent rapidement sans cacher le ciel et sans faire d'ombre. Je veux que les derniers instants de notre vie commune conservent la tranquillité de ses premiers jours. Aussi n'entendras-tu sortir de ma bouche aucune parole amère, au fur et à mesure que nous approcherons du terme de notre liaison. Qu'aurais-je à te reprocher d'abord? Rien. Sous mon apparence étourdie, j'ai un grand fonds de raison, et tu ne me verras tenter aucune résistance contre ce qui est inévitable. On t'a permis de m'aimer dans ta famille ; je serais injuste envers elle et je manquerais de reconnaissance si j'essayais d'apporter le moindre obstacle à ses désirs. Notre liaison aura été irrégulière, c'est le nom qu'on donne, je crois, aux affections qui naissent spontanément en dehors des conventions et des intérêts, et qui n'ont d'autre sécurité d'existence que leur franchise même ; mais quand le terme en sera arrivé, au milieu de mon chagrin j'aurai la joie de savoir que tu t'éloignes de moi le cœur sain, et que l'amour de celle qui t'aimera n'aura pas de blessures à y panser.

Comme elle achevait ces mots d'une voix qu'elle s'efforçait de maintenir calme, Camille s'aperçut que la main de Léon tremblait dans la sienne. Elle se leva rapidement, observa le visage de son amant, et s'aperçut qu'il était pâle. — Qu'as-tu ? lui demanda-t-elle vivement.

— Rien, dit Léon écartant une pensée douloureuse, c'est l'odeur de ton charbon de terre qui m'a fait mal à la tête.

— Menteur, qui ne veux pas dire la vérité ! fit Camille courant après lui dans la chambre et le forçant à revenir à la place qu'il venait de quitter.

— Menteur ? balbutia le jeune homme, convaincu cette fois que sa maîtresse était instruite de tout.

— Oui, menteur ! orgueilleux ! reprit la jeune femme, qui ne veux pas convenir que ce n'est pas le feu, — il est éteint, — mais seulement l'idée de penser qu'un jour il faudra nous quitter...

— Je t'en prie, Camille..... tais-toi ! s'écria Léon, qui ne cachait plus son émotion.

—Ah! que je suis contente de te voir comme cela! dit celle-ci en frappant dans ses mains. C'est tout ce que je voulais savoir. — Et, revenant s'accroupir aux pieds de Léon, elle ajouta tout bas : N'est-ce pas que d'y penser, cela fait bien du mal ?

Léon attira Camille auprès de lui, et, pendant quelque temps, la tint silencieusement embrassée. Durant cette muette étreinte, leurs deux cœurs étaient si voisins, qu'ils se révélaient presque l'un à l'autre, par la rapidité de leurs battements, les émotions diverses qui venaient de les agiter mutuellement.

Camille la première rompit ce silence. — Ne parlons plus inutilement de ces choses-là, dit-elle en se dégageant des bras de Léon, et elle ajouta : — Je ne suis pas sortie depuis plusieurs jours; le temps est beau, tu devrais me mener voir les boutiques du nouvel an. Et à propos, continua-t-elle sur un ton de curiosité enjouée, quelle surprise me ménages-tu cette année pour mes étrennes? — Il semblait qu'une étrange coïncidence dût pendant toute cette soirée ramener des allusions à la situation autour de laquelle Camille se promenait comme un aveugle autour d'un précipice. Plusieurs fois le hasard avait offert à Léon une occasion de parler, en dégageant son aveu des difficultés d'une entrée en matière. Cette fois comme les autres, il s'abstint. La question de Camille lui rappela cependant que s'il était provisoirement résolu à lui taire la vérité, il était du moins dans l'obligation de lui avouer son départ. Elle apprit cette nouvelle assez tranquillement ; elle était habituée d'ailleurs à voir Léon la quitter chaque année pour aller passer quelques semaines dans la propriété de ses parents pendant la belle saison ; un départ au milieu de l'hiver n'était pas même un événement nouveau. Plusieurs fois déjà, à l'époque de la fermeture de la chasse ou au moment du passage des oiseaux, Léon s'était absenté de Paris ; mais ces absences étaient toujours de peu de durée. Camille s'inquiéta seulement en apprenant que toute la famille de Léon émigrait au moment où les réunions du monde, les bals, les soirées étaient dans leur plus grand éclat. — Ma mère est très-fatiguée, lui dit Léon ; c'est précisément pour échapper aux obligations que lui impose son séjour à Paris pendant l'époque des réceptions qu'elle désire aller passer quelque temps à la campagne. Je crois que son intention est d'y rester jusqu'au carême. — Et ne voulant pas alarmer sa maîtresse par l'idée d'une trop longue absence, il se hâta d'ajouter : Je ne pense pas qu'elle me garde auprès d'elle tout le temps.

La tranquillité apparente de Léon rassura Camille autant que les raisons très-naturelles qu'il lui donnait pour expliquer ce que son voyage avait d'inusité. Une autre raison, ayant son origine dans l'égoïsme même de la passion, contribuait à lui faire accepter le départ de Léon et son absence momentanée. Camille faisait intérieurement cette réflexion : qu'en s'éloignant lui-même de Paris à l'époque où tous les salons étaient ouverts, Léon échapperait aux séductions dont elle les supposait peuplés, ainsi qu'aux occasions de se laisser entraîner vers quelque engagement préparé par les soins de sa famille. Comme Léon s'étonnait qu'elle accueillît aussi facilement la nouvelle de son départ, elle lui avoua naïvement le petit calcul intéressé qu'elle venait de faire, et ne prit point d'alarme nouvelle en voyant le singulier sourire que cet aveu avait amené sur les lèvres de son amant.

Léon, devant paraître chez son père, qui donnait une soirée d'adieu, se disposait à quitter Camille, lorsqu'ils reçurent la visite de Francis Bernier. Celui-ci offrait le soir même un réveillon dans son atelier, et venait inviter les deux jeunes gens. Après le souper, on devait organiser un petit bal. Camille n'avait pas assez souvent l'occasion de se distraire pour que Léon songeât à ne point la faire profiter de celle qui se présentait. Elle savait qu'elle trouverait chez Bernier une société amusante, et pensa qu'à la veille d'une séparation, le tumulte d'une nuit de plaisir pourrait utilement étourdir son esprit. — Eh bien! dit-il à Francis, si tu as le temps, attends que Camille soit habillée; tu l'emmèneras directement chez toi. J'irai vous rejoindre après avoir passé une heure chez mon père.

Et il sortit, laissant Bernier seul, pendant que Camille allait s'habiller dans sa chambre. Camille donnait d'ordinaire peu de temps à sa toilette; toute sa beauté étant sur elle, elle n'avait point besoin de la chercher pendant une heure dans des cartons, dans des tiroirs, ou dans les pots mystérieux d'un laboratoire chimique. Au bout de dix minutes, elle était prête et tendait la main à Francis en lui disant : — Partons-nous? J'espère que je suis belle, ajouta-t-elle en tournant devant lui.

— Est-ce qu'on ne me fera pas l'honneur de mettre les diamants de la couronne? demanda Bernier en riant.

— C'est vrai, j'oubliais, fit-elle, et prenant dans un petit coffret une paire de pendants d'oreilles fort modestes, elle vint les attacher devant la glace. Comme elle était sur le point de partir, ses regards tombèrent sur un petit carton très-élégant que Bernier avait déposé sur une chaise en entrant. Sa curiosité flaira quelque objet de coquetterie. Elle prit le petit carton, s'approcha de Bernier, qui riait dans sa moustache, et lui dit d'une voix câline : — Est-ce qu'il faut ouvrir ?

Et, sans même attendre sa permission, elle enleva le couvercle du carton, d'où s'échappa une subtile odeur d'essence orientale. — Ah! que c'est joli! s'écria Camille en déployant un de ces burnous algériens dans lesquels les femmes s'enveloppent pour sortir du bal ou du théâtre. Elle ne put résister au plaisir d'essayer le burnous, et comme elle en drapait les plis sur ses épaules en se regardant avec satisfaction dans la glace, Bernier lui dit : — Ce chiffon vous plait, gardez-le, mignonne. Je l'ai apporté pour vous; c'est mon étrenne.

Après l'avoir remercié, Camille se promena majestueusement dans la chambre, heureuse comme un enfant à qui on a donné un jouet nouveau. — Une question, dit-elle en se posant devant Francis; ai-je l'air d'une femme du monde ainsi?

— Est-ce sérieusement que vous me demandez cela?

— Sans doute.

— Eh bien! non, répliqua Bernier. Donnez-moi le bras, et allons-nous-en.

Comme il l'avait promis, Léon vint rejoindre sa maîtresse chez Francis, il la trouva fort animée au milieu d'une société de jeunes gens qui, pour la plupart, étaient des amis, et traitaient Camille en camarade. Ce fut dans cette soirée que celle-ci imagina de lever sur chacun d'eux un impôt de distractions pendant tout le temps que devait durer l'absence de Léon. Malgré la complicité de sa tante, celui-ci dut quitter Paris le lendemain même, M. d'Alpuis n'ayant pas consenti à différer le départ.

Les adieux de Léon et de Camille ne furent du côté de celle-ci attristés par aucune préoccupation. Quant à Léon, il avait renoncé à risquer même une demi-confidence. Sans avoir l'intention de résister aux volontés de son père, il espérait gagner du temps. Rien d'ailleurs n'était encore conclu, et ce voyage, dont le but était d'amener un rapprochement sympathique entre lui et mademoiselle Clémentine d'Héricy, pouvait bien ne pas avoir les résultats qu'on paraissait en attendre. Dans tous les cas, les projets de la famille restaient ouverts à l'intervention du hasard, et si Léon manquait trop d'initiative pour faire naître lui-même des obstacles, il se sentait du moins disposé à profiter de tous ceux que l'imprévu enverrait à son aide.

VII

Cette partie de chasse à laquelle M. d'Alpuis et son fils avaient été invités n'était en réalité qu'un prétexte, une sorte de terrain neutre où l'on voulait que les deux jeunes gens se rencontrassent pour la première fois, dans une entrevue dégagée de l'embarras et de la gêne qui accompagnent toujours une présentation officielle. Tous les détails de cette rencontre avaient été convenus à l'avance. Pendant la chasse, on devait croiser la promenade équestre des dames châtelaines, qui se joindraient à M. d'Héricy pour retenir M. d'Alpuis et son fils à dîner. Ce *scenario* était l'œuvre de la tante de Léon, qui voulait, dans toutes les circonstances de la vie, ménager la part du romanesque. Suivant elle, tout dépendait de la première impression que les jeunes gens éprouveraient en face l'un de l'autre, et elle avait tout disposé pour que cette impression, mutuellement agréable, leur inspirât le désir de se retrouver ensemble; mais le hasard devait apporter à son plan des modifications de nature à en compromettre la réussite.

Le matin de cette chasse, comme Léon achevait de s'équiper, il fut abordé par le garde de son père, espèce de Bas-de-Cuir assermenté. Ce rustique personnage, qui s'appelait Lolo, était depuis quinze ans au service de M. d'Alpuis, et avait fait l'éducation cynégétique de son fils. Comme tous les gardes, Lolo était en rivalité avec ceux des voisins, et particulièrement avec celui de M. d'Héricy. Ils passaient leur vie l'un et l'autre à guetter l'occasion de se faire des procès verbaux, et il fallait toute l'autorité de leurs maîtres respectifs pour que leur antipathie ne sortît point des limites de l'injure quand ils se rencontraient.

— Monsieur, dit Lolo en entrant dans la chambre où se tenait Léon, Tabareau vous a *sentu* arriver hier au soir, et, sauf votre respect, il a *gueulé* après vous toute la nuit. Pour le faire taire, je lui ai promis que vous l'emmèneriez travailler aujourd'hui.

— Nous chassons avec les chiens de M. d'Héricy, répondit Léon.

— Sacrebleu! dit Lolo en tournant sa casquette; Tabareau va être bien fâché. Et il reprit : — Si monsieur voulait me le permettre, quand il sera parti, je lâcherai tout de même Tabareau; il prendra le train de monsieur et le rejoindra là-bas, comme sans le faire exprès, parce que, continua le garde, je serais humilié si monsieur, qui est mon élève, ne tuait rien aujourd'hui.

— Ah! tu as peur de ma maladresse? fit Léon.

— C'est sans intention d'offense, répondit Lolo; mais monsieur est habitué à ce lambin de Tabareau, qui vaut mieux dans un de ses poils que tous les *anglais* de Robert (c'était le nom du garde de M. d'Héricy).

— Ne sont-ils pas bons, ces chiens? demanda Léon.

— Peuh! reprit Lolo, ayant l'air de faire une concession dédaigneuse; c'est des jolies bêtes, qui vous ont du feu dans le ventre et le diable dans les jarrets; mais quand ça vous pousse un lièvre, faut que le plomb soit rudement vif à lui dire bonjour.

— Et tu veux dire que le mien ne l'est pas assez? interrompit Léon.

— Monsieur, chacun a ses habitudes, répondit respectueusement le vieux garde en se retirant.

Léon et son père partirent à pied pour aller rejoindre M. d'Héricy. Au carrefour qu'il leur avait indiqué, celui-ci les attendait avec son garde. Après les salutations d'usage, les chasseurs se dispersèrent pour aller se poster à des endroits que Robert leur indiqua comme étant le passage de l'animal, qui avait été détourné la veille à l'intention des hôtes attendus par M. d'Héricy. Ceux-ci placés avec la recommandation de ne point s'éloigner pour éviter les accidents, le garde pénétra dans l'enceinte où se tenait un chevreuil *brocart*, et découpla deux paires de demi-briquets anglais dont il appuya la quête. Connaissant les mœurs de son animal, il savait à l'avance la route qu'il allait parcourir : après s'être fait battre pendant quelque temps, le *brocart* devait arriver sous le fusil des messieurs d'Alpuis père ou fils. Léon était à son poste depuis cinq minutes, lorsque l'aboiement des chiens lui annonça que le chevreuil était lancé; mais tout à coup, dans une direction très-opposée à celle que la chasse semblait suivre, et à une assez faible distance, Léon entendit la voix d'un chien bien gorgé, dont les notes graves et les coups de gueule régulièrement alternés lui rappelèrent la basse de Tabareau. Voici ce qui était arrivé. Une demi-heure après le départ de ses maîtres, Lolo avait pris sur lui de commettre une infraction à leurs ordres. C'était d'ailleurs depuis longtemps son idée fixe de faire chasser Tabareau sur la propriété dont Robert avait la garde. Après avoir fait sortir du chenil le vieux basset, atteint d'un commencement de rhumatisme, Lolo lui fric-

tionna les jambes avec un baume qui était également
bon, disait-il, pour les maux de chrétien. La friction
achevée, il lui entoura les jarrets dans des morceaux
d'étoffe de laine qui s'arrêtaient au-dessus de ses
pattes, et dans cet équipage singulier il l'emmena vers
la chambre où l'on rangeait les ustensiles de chasse.
Tabareau en fit le tour deux ou trois fois, en suivant
de ses yeux intelligents les indications du doigt de
Lolo, qui lui montrait le bois de cerf sur lequel Léon
suspendait ordinairement son fusil. En n'y voyant
plus cette arme, dont l'absence significative lui révélait le départ de son maître pour la chasse, le vieux
basset commença dans son langage une série de ré-
clamations énergiques.—Il a compris, pensa le garde.
Mettant le chien en laisse, il le conduisit à mi-route
du chemin que ses maîtres avaient dû parcourir, et le
laissa aller à son gré dès que Tabareau eut indiqué
qu'il sentait leurs traces.

Tout en cheminant tranquillement de son allure,
encore un peu ralentie par les espèces de bas de laine
qui entouraient ses jambes torses, le basset entra par
un bris de clôture dans une sorte de parc réservé
voisin d'une habitation. Une trace de fauve encore
chaude vint le détourner de la route qui devait le
conduire à ses maîtres. Il avait bien hésité un moment, mais son instinct de chasseur était si grand,

qu'il était parti à pleine voix sur la piste, en mettant debout une chevrette (1) qui avait plutôt les allures d'un animal privé que d'un fauve. Peu défiante en effet, la chevrette se laissait poursuivre à vingt pas, suivant les allées, se retournant pour regarder le chien, s'arrêtant comme pour l'attendre, et se laissant approcher de si près, qu'il aurait pu lui souffler au poil. Sortie par une brèche du parc réservé où elle avait été levée, ne se reconnaissant plus au milieu des grands bois qu'elle traversait, la chevrette, inquiétée instinctivement, avait quitté les allées pour se jeter dans un massif de quelques arpents qui partageait les deux chemins à l'angle desquels Léon avait été posté. Tabareau la menait doucement, débrouillant ses ruses et manœuvrant pour l'éloigner de l'enceinte. En reconnaissant la voix de son basset, Léon ne put retenir une exclamation de mauvaise humeur. Il craignait que son chien, en restant dans ce voisinage, n'en éloignât le brocart, chassé par la petite meute de M. d'Héricy, et que celle-ci commençait à ramener, suivant l'itinéraire indiqué par le garde. — A vous, monsieur! cria Robert en faisant signe de loin à Léon. Celui-ci se mit en position. En guettant l'arrivée de l'animal pour le tirer à sa sortie du bois, il aperçut à quarante pas de lui, dans le feuillage rouillé

(1) La femelle du chevreuil.

des jeunes chênes, une forme rousse qui semblait se mouvoir. Bien qu'il ne pût en distinguer le sexe, il reconnut un chevreuil, et ne douta pas que ce ne fû celui dont l'approche lui était signalée. Il épaula rapidement et fit feu ; mais à travers la fumée de son coup, et bien au-dessus de l'endroit où il venait de tirer, Léon vit le brocart franchissant la route d'un seul bond, et mené très-raide par les chiens de M. d'Héricy. — Sur quoi donc monsieur a-t-il tiré ? lui demanda Robert, qui était accouru.

—C'est ce que je me demande, répondit Léon un peu étonné. Cependant il se précipita pour vérifier son tir.

— Monsieur a touché, dit Robert en ramassant une poignée de poils roux restés au pied d'un arbre que le plomb avait criblé ; mais ce n'est pas le brocart, ajouta-t-il en reconnaissant des empreintes fraîches, c'est une chevrette.

— Elle est blessée, fit Léon ; voici du sang sur les bruyères.

— Mais, interrompit le garde en prêtant l'oreille, Dieu me pardonne ! c'est la musique de ce gueux de Tabareau que j'entends là !

— Oui, dit Léon, qui ne put s'empêcher de sourire. Je n'avais pas voulu l'emmener ce matin ; il se sera échappé pour me rejoindre, et aura levé dans sa route la bête que j'ai tirée...

7

Il fut interrompu par un nouveau coup de feu.

— C'est à l'Épine, dit Robert, monsieur votre père y était placé.

— Dans ce cas, reprit Léon, le brocart doit être tué.

— Votre chevrette aussi a son compte, fit le garde. Elle ne peut pas emporter son coup bien loin. Je parie que votre basset lui mord les jarrets. Nous n'avons qu'à le suivre : il nous mènera dessus.

Après avoir marché sous bois pendant un quart d'heure, suivant la bête au sang, Léon et Robert arrivèrent dans une grande allée et aperçurent à une courte distance deux femmes vêtues en amazones et qui arrêtaient leurs chevaux pour causer avec M. d'Alpuis, que M. d'Héricy semblait leur présenter.

— C'est madame et mademoiselle qui font leur promenade à cheval, dit le garde à Léon.

Celui-ci pensa qu'il était convenable d'interrompre sa chasse pour rejoindre la compagnie; mais, comme il allait se diriger de ce côté, la chevrette parut sur la lisière du bois, toujours poursuivie par l'infatigable Tabareau. Elle parut vouloir traverser l'avenue ; puis, arrivée au milieu, l'effort qu'elle avait fait pour prendre un dernier élan ayant épuisé le reste de ses forces, elle tomba sur ses jarrets.

— C'est singulier, dit Robert entraînant Léon. — monsieur, s'écria-t-il quand il fut auprès de la bête expirante, qui s'était retournée à son approche, voilà un coup de fusil bien malheureux ! — Et il ajouta en se parlant à lui-même : C'est ce gredin de basset qui l'aura levée dans le parc.

— Qu'y a-t-il? demanda Léon, que l'exclamation de Robert avait inquiété.

— Il y a, dit celui-ci, que vous avez tué la chevrette de mademoiselle Clémentine, une petite bête qu'elle a élevée et qu'elle adorait...

Au même instant. Tabareau parut à son tour sur la route : ses poils étaient hérissés d'épines ; ses longues oreilles, qui traînaient à terre, avaient été déchirées par les ronces, et il avait perdu un de ses bas de laine. En voyant que la bête était couchée sur le flanc, il conclut que sa besogne était terminée et cessa de donner de la voix. Seulement il s'approcha de la chevrette pour lécher le sang qui coulait de son épaule fracassée. Robert lui donna un coup de pied pour l'éloigner. Comme le garde n'était pas coutumier de politesse avec lui, Tabareau ne parut point surpris de cette brutalité. Ayant la confiance d'avoir bien fait son devoir, il passa derrière Léon, et, remuant sa queue droite avec la régularité d'un balancier de métronome, il semblait demander à son maître s'il n'était pas content de lui. Une nouvelle bourrade l'envoya rouler à trois pas; il se releva, se recula hors de portée des coups, et, assis sur son train de derrière, la tête penchée entre les jambes et presque cachée entre ses oreilles, qui faisaient trois plis par terre, il médita quelque temps sur l'ingratitude humaine, s'interrompant quelquefois dans sa méditation pour éplucher ses pattes avec sa langue.

Cependant Léon venait d'être rejoint par la compagnie. Flairant l'approche de sa maîtresse, la chevrette avait fait un effort pour se relever. Mademoiselle d'Héricy, reconnaissant son animal favori, était descendue de cheval.

— Ah! ma mère! dit-elle tristement sans regarder Léon, dont l'attitude était fort embarrassée, on a tué Dolly!

Et la jeune fille ne put s'empêcher de mêler quelques larmes à celles qui s'échappaient, grosses et lentes, des yeux de la chevrette.

— Robert, dit M. d'Héricy à son garde, achevez cette bête, qu'elle ne souffre pas.

— Mon père, fit Clémentine, je vous en prie, pas devant moi.

M. d'Alpuis lui offrit la main pour remonter à cheval, et elle partit aussitôt, accompagnée de sa mère.

Léon, ayant expliqué à son père les causes qui avaient amené la mort de Dolly, celui-ci présenta ses excuses à M. d'Héricy, qui crut devoir rejeter l'accident sur le peu de soin des domestiques. — Un jour de chasse, dit-il, on aurait dû retenir la chevrette en captivité, comme on avait coutume de le faire dans ces circonstances.

— Tout autre chasseur, ajouta M. d'Héricy en se tournant vers Léon, eût fait comme vous, car tout gibier devant les chiens est gibier de tir. Allons, Robert, achevez Dolly, et que ma fille ne la voie plus à son retour. Quant au chevreuil qui est à l'Épine, vous le ferez porter chez monsieur, ajouta-t-il en désignant M. d'Alpuis.

Le programme de la tante de Léon n'en reçut pas moins son exécution ; mais la mort de Dolly, si puéril que fût cet incident, était de nature à jeter une sorte de contrainte dans cette première présentation. Quoique fille bien élevée, Clémentine n'avait pu faire un souriant accueil au meurtrier involontaire de sa chevrette, et celui-ci, qui se trouvait vis-à-vis d'elle dans la situation d'un homme ayant commis une maladresse après laquelle toute excuse est banale quand elle ne peut rien réparer, garda une contenance également voisine de la froideur. Il n'était cependant point porté à trouver ridicule l'affliction de Clémentine : tout attachement, quel que soit l'être qui en est l'objet, est un indice de sensibilité, et il regretta sincèrement que la première impression qu'il lui laissât de sa présence fût un chagrin pour la jeune fille. Il ne put s'empêcher pourtant de faire cette réflexion que cet incident était une première réponse que le hasard avait faite à son appel, et que, sans fournir raisonnablement un prétexte à rupture, son entrée dans la maison d'Héricy avait commencé par un pas en arrière. Cela n'empêcha point Léon de gourmander vivement Lolo, qui, en lâchant Tabareau, s'était fait l'ouvrier de l'imprévu ; mais le vieux garde fut si enchanté en apprenant que son lambin, comme il l'appelait, avait fait tuer une chevrette sur les terres de Robert, qu'il mêla à sa pâtée du soir la moitié de sa propre soupe, et sacrifia une portion de son vieux cognac pour frictionner ses rhumatismes, après quoi il le conduisit au chenil, qu'il avait garni d'une litière fraîche.

Trois jours après la chasse, Léon apprit que la famille d'Héricy était invitée à dîner chez son père. Sa tante le prit à part dans la matinée, lui fit une fort belle morale, et le supplia de venir la trouver quand il serait habillé, pour qu'elle lui mît elle-même sa cravate. En attendant les convives, Léon s'enferma dans sa chambre, et passa deux heures avec Camille, en lui écrivant une longue lettre où l'on sentait dans chaque ligne palpiter le regret de l'absence et le désir du retour.

Cette seconde entrevue n'eut aucun résultat nouveau. Elle était trop rapprochée de l'incident qui avait embarrassé leur première rencontre pour que les deux jeunes gens ne restassent pas sous le contre-coup de cet embarras ; mais cette situation ne pouvait se prolonger sans indiquer un parti pris d'éloignement, qu'on aurait pu accuser d'affectation, puisqu'il n'était point sérieusement motivé. Les relations des deux familles étaient devenues d'ailleurs quasi-quotidiennes. Les longues soirées de l'hiver, qui paraissent encore plus longues à la campagne, où les distractions sont peu variées, se passaient alternativement chez M. d'Héricy ou chez M. d'Alpuis. Quelques tasses de thé, le jeu, la conversation, faisaient les frais de ces réunions. A vrai dire, s'il eût été libre, comme son père pouvait le supposer, Léon eût donné les mains à son projet ; mais entre lui et mademoiselle d'Héricy, si charmante qu'elle fût, il y avait là-bas, à cinquante lieues de lui, une figure toujours présente à son souvenir.

Profitant des occasions d'intimité qui lui étaient ménagées avec Clémentine, Léon résolut de pénétrer son caractère, d'étudier ses sympathies et ses répulsions, pour se mettre ensuite lui-même, dans son langage et dans sa conduite, en contradiction avec elle. Il espérait, par cette manœuvre, accumuler contre lui dans l'esprit de la jeune fille **des préventions de** nature à la rendre hostile à des désirs qui n'étaient plus même dissimulés par les parents. Malheureusement le plan devait être éventé avant que les résultats eussent pu se produire. Dans la vie comme au théâtre, n'est pas comédien qui veut. Léon ne pouvait se modifier d'un jour à l'autre, même en apparence. A chaque instant, il sortait du rôle qu'il s'était imposé pour rentrer dans sa propre nature, et ces contradictions ne pouvaient échapper à une jeune fille qui avait quelque intérêt à les surprendre. Alarmée dans les commencements, Clémentine s'était naïvement trahie auprès de la tante de Léon, qu'elle n'avait pas eu besoin de prier bien longtemps pour que celle-ci devînt sa confidente. La bonne dame, selon son expression, lisait dans le jeu de son neveu ; elle rassura la jeune fille à propos des craintes que celle-ci lui avait avouées. — Léon, lui dit-elle, est un faux mauvais sujet, qui, dans une intention que je crois comprendre, s'efforce de paraître autrement qu'il n'est en réalité. Pour le bien connaître et le bien apprécier, croyez le contraire de ce qu'il vous dira, chère enfant, et n'ayez pas d'inquiétude sur l'avenir. En unissant votre jeunesse à ma vieille expérience, nous l'obligerons bien à jeter le masque. Vous devez être le bonheur de sa vie, il ne sera pas dit qu'il aura passé à côté de son bonheur sans s'arrêter.

— Mais, demanda Clémentine, il faudra donc le rendre heureux de force ?

Cet audacieux aveu fit sourire la vieille tante, qui lui dit en l'embrassant : — J'ai juré que vous seriez ma nièce, et jamais je n'ai manqué à ma promesse.

Aidée par une auxiliaire rusée, mademoiselle d'Héricy s'amusa à tendre à Léon des piéges où sa franchise le poussait tête baissée. Un soir, causant musique avec Clémentine, qui venait de recevoir de nouvelles partitions, Léon, connaissant les préférences de la jeune fille pour l'école allemande, ouvrit une parenthèse ironique contre les maîtres qui en sont la gloire. — Les Allemands, disait-il d'un ton dédaigneux, ce sont des savants et non des musiciens. Comment pourraient-ils l'être, des gens qui habitent un pays où le brouillard enrhume les oiseaux, et qui passent leur vie à boire de la bière à grande cruche ? Selon moi, la musique est par excellence un art de spontanéité et d'inspiration. La musique, c'est la mélodie, une chose inattendue qui tombe d'un beau ciel dans une oreille humaine. Aussi, le premier Italien guidant ses bœufs dans la campagne romaine en sait-il plus long dans vingt-cinq mesures que tous les symphonistes d'outre-Rhin, qui font de la musique avec le traité du contre-point, comme les faux poëtes, qui font leurs vers à coups de dictionnaire.

7.

— Et Beethoven? interrompit Clémentine, ne reconnaissant point dans cette tirade les emprunts faits par Léon à un feuilletoniste paradoxal.

— Beethoven, un sourd, fit Léon.

— Et Schubert? reprit Clémentine.

— Un poitrinaire!

— Et Mozart, et Gluck, et Haydn, et Weber, tous ces grands génies, vous ne les acceptez pas? demanda la jeune fille. Pourquoi donc, en lisant le journal, regrettiez-vous hier de ne pas être à Paris pour assister aux séances du Conservatoire, où l'on n'exécute que la musique des maîtres que vous me dites ne pas aimer? Pourquoi y avez-vous un abonnement? demanda-t-elle avec une impatience mutine.

— Mademoiselle, c'est la mode à Paris de paraître aimer ce qu'on n'aime pas, répliqua Léon, que les remarques de la jeune fille avaient un peu embarrassé.

— Mais alors pourquoi donc m'avez-vous dit une fois que la mélodie des *Adieux* vous donnait envie de pleurer?

Léon se rappela cet aveu, qui lui était échappé dans un moment de franchise. Il resta indécis un instant, et répondit avec un grand sérieux : — Les oignons aussi me font pleurer. — Il espérait que ce mot vulgaire, écho d'une plaisanterie entendue dans l'atelier de Francis Bernier, donnerait à la jeune fille une très-fâcheuse idée de son esprit, et que ce serait une mauvaise note qu'elle lui marquerait de plus; mais cette réponse avait fait rire Clémentine, qui étouffa l'expansion de sa gaieté dans les premières mesures du *la ci darem la mano*. Comme elle achevait sans paraître se préoccuper de Léon, celui-ci se pencha sur son épaule et lui dit : — Ayez donc l'obligeance de recommencer.

— Ah! fit Clémentine en se retournant, je vous prends cette fois en flagrant délit d'admiration pour Mozart. Si la mode est à Paris de paraître aimer ce qu'on n'aime pas, est-ce donc la mode ici de ne point paraître aimer ce qu'on aime?

Léon ne put voir la rougeur qui avait empourpré le front de la jeune fille, qui s'était aussitôt penchée sur le clavier; mais le son de sa voix lui avait bien paru donner à ces paroles le sens d'une interrogation et l'accent d'un reproche. Il était rare qu'une scène de ce genre n'eût point lieu tous les soirs, et Clémentine commençait à se convaincre que la tante de Léon avait eu raison en lui disant que son neveu jouait un rôle auprès d'elle, et qu'il ne fallait croire que le contraire de ce qu'il lui dirait. — Pourquoi est-il comme cela avec moi, demandait-elle à sa confidente intime, et quelle singulière manie de me contrarier en tout?

Est-ce pour éprouver mon caractère ? Mais s'il s'habitue ainsi à ne pas dire ce qu'il pense et à dire ce qu'il ne pense pas, je serai très-embarrassée le jour où il me dira qu'il m'aime.

Clémentine aimait Léon. Elle savait son inclination autorisée et la trahissait avec toutes les ingénuités audacieuses d'un cœur qui n'a pas à se contraindre. Un jour, dans une promenade à cheval qu'elle faisait en compagnie de Léon, à qui elle avait demandé d'être son écuyer, comme ils s'étaient laissé entraîner un peu en avant de la voiture où se trouvaient les parents, ils se croisèrent avec le messager rural, qui venait de faire sa distribution dans les habitations éloignées de la commune. Cet homme, ayant reconnu Léon, s'arrêta pour lui remettre une lettre qu'il avait à son adresse; mais comme il ouvrait son portefeuille, une charrette qui passait effraya le cheval, un peu inquiet, que montait Léon. Il se jeta de côté, et son cavalier, sachant que lorsque l'animal avait peur, il était imprudent de le vouloir arrêter raide, lui rendit les rênes pour qu'il prît un peu de champ et eût ainsi le temps de se calmer. Le messager, qui était resté seul avec mademoiselle d'Héricy, tenait la lettre à la main d'un air embarrassé. Voyant que Léon filait toujours en avant, il tendit la lettre à mademoiselle d'Héricy. — C'est bien, dit celle-ci en la

prenant, je vais la remettre à M. d'Alpuis. — Et elle
partit pour rejoindre Léon, qui de son côté commençait à revenir sur ses pas. Clémentine n'avait certainement eu aucune intention indiscrète, mais, en
prenant la lettre des mains du messager, ses yeux,
qui s'étaient arrêtés machinalement sur l'adresse, y
avaient reconnu une écriture de femme. Elle remit,
en tremblant un peu, la lettre à Léon, qui la serra
dans sa poche. Pendant toute la promenade, Clémentine ne put dissimuler un reste de préoccupation.
Elle avait hâte que l'on fût rentré, comptant bien
que Léon profiterait du premier moment de solitude
qui lui serait offert pour prendre connaissance de la
lettre qu'elle lui avait remise, et que la convenance
l'avait sans doute empêché d'ouvrir devant elle. Aussi,
lorsque, après le dîner, qui avait eu lieu ce jour-là chez
son père, Clémentine vit reparaître Léon au bout
d'une absence de quelques minutes dont elle soupçonnait bien l'emploi, s'attacha-t-elle curieusement à
retrouver sur le visage du jeune homme un reste de
l'impression qu'avait pu lui causer sa lecture.

Cette lettre était de Camille, et celle-ci l'avait
écrite dans un de ces moments où le cœur, pris d'un
besoin subit d'épanchement, se met, pour ainsi dire,
sous enveloppe, pour aller à travers la distance
battre une heure auprès d'un cœur ami. Léon était

sorti de cette lecture presque aussi heureux que s'il venait de passer un quart d'heure auprès de sa maitresse. La joie qu'il avait éprouvée était restée sur son visage et se révélait par une bonne humeur que Clémentine attribua à la réception d'une heureuse nouvelle. En voyant Léon plus gai que de coutume, elle éprouva un dépit que la réflexion rendit presque douloureux; elle ne put même le dissimuler, et surprit le jeune homme par les taquineries qu'elle lança dans la conversation, par ses impatiences, par quelque chose enfin qui n'était pas elle, ou qu'il n'avait pas du moins jusque-là remarqué dans ses façons d'être. Comme elle travaillait à un petit ouvrage de tapisserie destiné au bureau de bienfaisance du canton, qui organisait une loterie pour les pauvres, elle cassa deux ou trois fois la soie dont elle faisait usage en tirant son aiguille trop vite.

— Cette soie est détestable, dit-elle jetant dans la cheminée le peu qui en restait.

— Eh bien ! dit Léon se précipitant, et votre bobine que vous jetez aussi !

Mais le feu était ardent, et la bobine, tombée dans des braises incandescentes, était déjà à moitié consumée. Clémentine, ayant pris dans sa boîte à ouvrage un nouvel écheveau, demanda à Léon un morceau de papier pour dévider sa soie autour. Il se leva et chercha dans le salon s'il ne trouverait pas un vieux journal, mais n'en voyant point : — Je vais prendre une carte dans un jeu dépareillé, dit-il à Clémentine.

— Non, dit-elle; il faudrait ouvrir la table de whist. Ne troublez pas les joueurs.

Elle chercha dans ses poches, et ne trouvant rien : — Comment, reprit-elle avec un petit geste d'impatience, vous n'avez pas grand comme la main de papier à me donner ?

Léon chercha de son côté dans ses poches et ne trouva que la lettre de Camille. La petite chatte blanche de Clémentine, qui dans ses affections avait succédé à Dolly, parut alors près de la cheminée, jouant avec une petite boule de papier qu'elle roulait devant elle.

— Ne cherchez plus, dit mademoiselle d'Héricy, qui s'était baissée et avait ramassé le papier; mais en le dépliant pour en faire une seconde bobine, elle reconnut l'enveloppe de la lettre qu'elle avait reçue du messager, et que Léon, sans y prendre garde, avait froissée dans sa poche, puis roulée pour amuser la chatte. Clémentine jeta rapidement son écheveau de soie au bras de Léon, et commença à tourner la soie autour de l'enveloppe. Elle se remit ensuite à travailler, mais sans parler, et avec tant de distraction qu'elle ne pouvait même arriver à compter ses points et se trompait à chaque instant. Témoin de ce trouble, dont il ne pouvait s'expliquer la cause, Léon s'aperçut que la jeune fille regardait souvent la pendule, et paraissait suivre avec impatience la marche de l'aiguille. Quand sonna l'heure à laquelle on se retirait quotidiennement, il remarqua en outre avec quelle promptitude elle se levait, avec quelle vivacité elle aidait sa mère et sa tante dans leurs préparatifs de départ.

— Mademoiselle d'Héricy semblait bien pressée de nous voir partir, dit-il à sa mère.

— Elle paraissait un peu souffrante ce soir, répondit madame d'Alpuis.

Et tout bas elle ajouta : — Comment la trouves-tu ?

C'était la première fois qu'une interrogation lui était adressée au sujet de Clémentine.

— Je la trouve charmante, ma mère, répondit-il simplement.

Restée seule, Clémentine avait retiré la soie roulée autour de l'enveloppe, et un nouvel examen de l'écriture avait confirmé sa première pensée : c'était bien une lettre de femme. Et quelles relations pouvait avoir une femme avec un jeune homme comme Léon ? Si pure que fût sa pensée, mademoiselle d'Héricy était d'un âge où l'esprit curieux d'une jeune fille est sorti des limites d'une niaise ignorance, et a commenté plus d'une fois les souvenirs du théâtre ou les révélations du roman de mœurs, dont les plus hautes murailles et la plus sévère police n'empêchent jamais l'entrée dans les grands pensionnats. La lettre contenue dans cette enveloppe était d'une maîtresse, cela n'était pas même l'objet d'un doute pour Clémentine, et ce n'était pas cette certitude qui l'alarmait, mais au contraire l'incertitude où elle était de la nature des relations de Léon avec la femme qui lui écrivait. Était-ce une bonne fortune, interrompue brusquement par son départ de Paris, ou une liaison déjà sérieuse ? Était-ce une lettre *de* femme ou la lettre *d'une* femme ? Nuance moins subtile qu'elle ne paraît l'être d'abord, puisqu'elle sert à distinguer la fantaisie de la passion. Quelques lignes de cette lettre tombées sous les yeux de Clémentine auraient pu l'éclairer, et lui indiquer si elle avait affaire à une femme dont sa dignité ne devait pas même connaître l'existence, ou à une rivale.

Ces lignes, elle les trouva. Sur un des angles de l'enveloppe, Camille avait tracé ces quelques mots très-serrés : « Troisième *post-scriptum*. Au moment où je ferme ma lettre, je m'aperçois que j'oublie de te dire que je suis déménagée depuis trois jours. Cela m'a fait un peu de peine, va, de quitter ce petit logement : c'était le petit pays où mon cœur est né. Si la personne qui me remplace doit y être aussi heureuse que je l'ai été moi-même avec toi depuis quatre ans, elle n'aura pas trop cher de loyer. » Suivaient le nom de la rue et le numéro de la maison que Camille habitait. — Cette fois Clémentine savait à quoi s'en tenir. La liaison de Léon n'était point une aventure banale, sa maîtresse était une femme aimée et qui aimait, une rivale, une ennemie enfin. Les quelques lignes de ce *post-scriptum* suffisaient pour lui révéler toute la nature de cette passion. Clémentine froissa ce papier, non plus avec dépit, non pas avec colère, mais avec une douleur qui lui était restée inconnue jusque-là : c'était l'épine aiguë de la jalousie qui, en blessant son amour naissant, venait de la piquer au cœur.

Son premier dessein avait été de se confier à sa mère. Elle ne lui avait pas dit son amour pour Léon, mais elle le lui avait laissé deviner. Elle voulait que toutes relations fussent suspendues avec les d'Alpuis, elle voulait surtout ne plus revoir leur fils ; mais ne l'avait-elle pas trop vu ? La confidence des relations de Léon avec une autre femme, surtout lorsqu'il les continuait par correspondance, devait, elle en était certaine, alarmer assez ses parents pour qu'ils fussent les premiers à vouloir l'éloigner du fils de M. d'Alpuis. L'idée de cet éloignement lui fut insupportable. Elle résolut de se taire. Dans cette insomnie, la première qui eût troublé les nuits si calmes qui la menaient si doucement à l'heure du réveil, son esprit passa par toutes les fiévreuses douleurs de l'irrésolution. Elle brûla l'enveloppe de la lettre de Camille, comme si elle eût espéré que la destruction de la preuve amènerait l'oubli du fait. Cette phrase pourtant lui revenait sans cesse à la pensée : « Aussi heureuse que je l'ai été moi-même avec toi depuis quatre ans. »

Jusqu'alors, les sentiments que mademoiselle d'Héricy éprouvait pour Léon ne lui avaient causé que des émotions pacifiques. Elle s'était sentie heureuse de trouver son goût d'accord avec le choix de ses parents, et, sans que son cœur battît plus vite, elle se laissait aller vers celui qui lui était désigné par cette pente de la première inclination. Léon sans doute occupait une place dans sa pensée, mais n'occupait pas sa pensée tout entière. Cette affection nouvelle, en prenant rang parmi les autres, ne les avait ni amoindries ni dominées. Cependant elle se croyait déjà bien éprise, et au nombre des symptômes qui accusaient les progrès de son amour, elle comptait, par exemple, la promptitude avec laquelle elle avait oublié la mort de Dolly. Pourtant, si la veille une circonstance quelconque eût amené une rupture entre sa famille et celle de Léon, et si on lui eût dit qu'elle ne devait plus penser à lui, son cœur eût probablement accepté ce contre-ordre, non sans chagrin peut-être, mais sans ressentir une de ces douleurs qui, même guéries, laissent des traces. Éloignée de Léon un jour plus tôt, elle l'eût oublié sans doute au bout de quelque temps. Après cette douloureuse veillée, il eût été trop tard pour qu'elle l'oubliât. De même qu'un jour de soleil suffit pour amener l'éclosion d'une fleur ou la maturité d'un fruit, il suffit quelquefois d'une heure de fièvre pour amener l'entier développement d'une passion.

Le lendemain, Clémentine aimait, non plus, comme la veille, d'un amour docile éclos sous les yeux de ses parents, dans la serre de l'obéissance, mais d'un amour qui prenait place dans son cœur comme un maître impérieux et jaloux. Léon avait cessé d'être à ses yeux ce qu'il était la veille encore, c'est-à-dire un prétendu agréé par sa famille et par elle, un homme qui lui donnerait son nom et à qui elle donnerait sa main, un bon parti, comme elle avait entendu dire. Toutes les désignations légales n'avaient plus de sens pour elle : Léon n'était plus un futur, c'était un homme qu'elle aimait et dont elle voulait être aimée, non par la vertu d'un contrat, non pas après son mariage, mais avant. Cette autre qui était là-bas, il fallait qu'elle la lui fît oublier, qu'elle effaçât traits par traits son image dans son cœur, que les souvenirs de bonheur accumulés pendant quatre ans disparussent un à un jusqu'au dernier, et qu'un jour même le nom de cette femme prononcé devant Léon ne lui causât pas plus d'émotion que le nom d'une inconnue. Cette pensée apporta quelque soulagement à la souffrance de Clémentine. Son orgueil féminin s'enivrait à l'idée de cette lutte avec l'étrangère. Elle s'endormit rêvant à un triomphe.

Comme elle descendait le lendemain au déjeuner de famille, Clémentine y trouva la tante de Léon, venue pour s'entendre avec madame d'Héricy à propos de quelques œuvres de bienfaisance. Elle sut, avant son départ, se ménager un entretien avec elle, et lui raconta sa nuit d'angoisse. La vieille dame s'aperçut bientôt que la jeune fille n'avait jamais plus aimé Léon; elle était cependant un peu embarrassée pour répondre aux questions de Clémentine, qui l'interrogeait au sujet de Camille, pensant, comme cela était vrai, que Léon avait dû faire ses confidences à sa tante, et que celle-ci pourrait, en les lui répétant, lui fournir les éléments pour commencer la lutte contre sa rivale, et entreprendre sur elle la conquête de celui qu'elle regardait comme son fiancé. La vieille dame se disait qu'il y avait peut-être quelque danger, et surtout peu de convenance, à initier l'esprit d'une jeune fille aux mystères de la vie d'un garçon ; mais elle possédait assez de science du langage pour risquer quelques demi-aveux qui pussent être entendus. Elle était séduite, d'ailleurs, par la vaillante allure de cette jeune passion qui dépouillait toute timidité pour aller à son but. Éprise du romanesque, elle ne voyait pas non plus sans curiosité et sans intérêt la marche nouvelle que les choses allaient prendre, et, pour y avoir un rôle, elle se fit la délatrice des amours de son neveu. Rassurant Clémentine sur cette liaison, elle essaya de la convaincre que ce n'était pas une chose sérieuse, dont elle dût se préoccuper. Elle lui fit remarquer que Léon avait quitté Paris sans opposition, sachant bien dans quelle intention on l'amenait à la campagne au milieu de l'hiver, ce qui indiquait bien dans sa pensée le projet de rompre une liaison que l'habitude seule avait prolongée sans doute, et qui, dans tous les cas ne pouvait faire obstacle à son établissement.

— Quel vilain mot ! interrompit mademoiselle d'Héricy. J'épouserai votre neveu parce que je l'aime. Hier j'aurais peut-être fait confusion entre un mariage de convenance et un mariage d'amour : aujourd'hui je fais la différence. Je veux que ce soit non pas l'ennui, la fatigue ou la nécessité, mais mon amour qui détache M. Léon de sa liaison. Pourquoi ne m'aimerait-il pas, d'ailleurs? Je suis jeune, et je crois que je serai belle quand je serai aimée.

— Et il vous aimera, mon cœur, lui dit la tante

en la quittant ; mais que tout ce que vous avez appris reste un secret, même pour vos parents !

— Surtout pour eux, fit Clémentine. S'ils savaient ce que je sais, ils seraient sans doute les premiers à vouloir m'éloigner, et si je partais d'ici, M. Léon retournerait là-bas, lui !

Le soir même, M. d'Alpuis était instruit par sa belle-sœur de l'entretien que celle-ci avait eu avec mademoiselle d'Héricy, et des dispositions qu'elle avait manifestées. Il gronda un peu la tante d'avoir fait à la jeune fille des confidences qu'elle avait pu solliciter, mais qu'il eût mieux valu lui taire, et pria la bonne dame d'être un peu plus réservée à l'avenir; puis il passa chez son fils, et le surprit occupé à écrire à Camille. En voyant entrer son père, qui s'approchait de la table où il écrivait, il avait fait un mouvement pour cacher son papier. — Je ne veux pas être indiscret, fit M. d'Alpuis en s'asseyant. Tu réponds à une lettre que tu as reçue hier de Paris. Si tu n'as pas terminé, ajoute dans ta réponse que tu vas te marier bientôt.

— Mon père ! répondit Léon en se levant.

— Je suppose que tu es libre, ayant eu pour reprendre ta liberté plus de temps même que tu ne m'en avais demandé.

— Les choses sont dans le même état où elles

étaient lorsque vous m'avez parlé de vos projets J'ai cru que vous y aviez renoncé, mon père.

— Tu n'as pu le croire, au moins depuis que tu es ici, et notre intimité avec la famille d'Héricy est assez significative...

— Mais j'ignore si j'ai plu à mademoiselle Clémentine.

— Mademoiselle d'Héricy t'aime, et je viens savoir quand je dois aller demander sa main pour toi à ses parents?

— Mon père, répondit Léon, décidé à s'ouvrir une issue dans la situation, ferais-je une action loyale en épousant une jeune fille que je n'aime pas ?

— Non, répondit M. d'Alpuis en s'asseyant. Si tu es sérieusement convaincu que ton mariage avec mademoiselle d'Héricy ferait son malheur et le tien, nous n'irons pas plus avant, et tu reprendras ta liberté; mais quel usage en feras-tu? Tu vas me répondre au nom de ta passion que tu iras retrouver ta maîtresse; je te demanderai au nom de la raison quels sont tes desseins pour l'avenir? Interroge-toi, mesure cette passion, et, pour savoir exactement jusqu'où elle peut aller, suppose que tu es maître de tes actions, et qu'aucune considération de famille ne peut te faire obstacle : épouserais-tu ta maîtresse?

— Mon père! dit Léon, étonné de la question.

— Tu as vécu avec elle pendant quatre ans dans une intimité assez familière pour avoir pu la juger, tu es donc en état de répondre à ma question. Encore une fois, si tu n'avais d'autre volonté à consulter que la tienne, ta passion se sent-elle assez vivace pour fournir les éléments d'un bonheur durable? Maître de ton nom et de ta fortune, donnerais-tu l'un et partagerais-tu l'autre avec la femme que tu aimes? crois-tu que le bonheur de ta vie entière soit entre ses mains?

— Je ne puis répondre sérieusement à une question qui n'est pas sérieuse, mon père, répliqua Léon. Je serais, ce qu'à Dieu ne plaise, libre comme vous l'entendez, qu'aucune passion, si vivace qu'elle fût, ne m'entraînerait au delà de certaines limites. Camille sait aussi bien que moi que notre liaison doit avoir un terme. Vous m'aviez prévenu qu'il fallait songer à me détacher d'elle; j'ai eu tort, doublement tort de ne pas le faire, puisqu'elle-même me disait dernièrement qu'elle souhaitait être prévenue d'avance. Sachant dans quelle intention vous m'ameniez ici, je pouvais l'avertir que mon départ n'aurait pas de retour. Je ne l'ai pas fait, pourquoi? Je suis hors d'état de le dire; mais le mot adieu n'a pu sortir de ma bouche.

— J'ai bien peur, reprit M. d'Alpuis, qu'une pensée d'égoïsme n'ait été là seule cause de ton silence. Tu n'auras pas voulu jeter dans l'esprit de celle que tu aimes encore une préoccupation pénible, moins dans la crainte de l'affliger que dans la crainte de troubler par la tristesse la fin de tes amours. Tu veux épuiser ta passion, tu veux attendre que la lassitude s'y mêle pour te rendre la rupture facile à toi-même ; mais le jour où tu viendras demander à ta maîtresse son dernier sourire, il te sera indifférent de lui laisser les larmes. Il eût été plus loyal peut-être de l'affliger d'abord, et d'utiliser le temps que je t'avais accordé à adoucir la rigueur de cette séparation en la partageant avec elle. Elle t'aurait su gré, je n'en doute pas, de l'avoir aidée à modifier progressivement la nature de votre liaison, et d'avoir uni ta main à la sienne pour dénouer avec précaution des liens qu'elle savait ne pas être durables. Peu à peu elle se serait habituée à ne plus voir en toi qu'un ami, et l'adieu que vous auriez échangé n'eût été douloureux ni pour l'un ni pour l'autre.

— Mon père, interrompit Léon, ce que j'ai eu le tort de ne pas faire il y a six mois, je puis le faire aujourd'hui. Accordez-moi un délai de quelque temps...

— Non, répondit M. d'Alpuis en reprenant l'accent d'autorité contre lequel Léon n'était pas habitué à protester, tu ne retourneras pas à Paris; mais tu peux faire d'ici, par correspondance, ce que tu ferais en étant là-bas, ou plutôt ce que tu n'y ferais pas, sans doute. L'heure de la raison est venue, et c'est ta faute si elle doit être cruelle pour quelqu'un; mais je ne puis aller plus loin, et je ne te laisserai pas aller non plus au delà. Je considère dès à présent ta rupture comme accomplie, et je prends les choses dans la sitiation où elles sont. Ton mariage avec mademoiselle d'Héricy concilie toutes les convenances. Il a l'assentiment de sa famille et le mien. Cette jeune fille t'aime, et ses parents attendent que j'aille lui demander sa main pour toi.

— Mon père, répondit Léon, attendez encore un peu : nous irons la demander ensemble.

VIII

Cet entretien ne fut pas sans laisser des traces dans l'esprit de Léon. Toutes les paroles de son père l'avaient fait réfléchir sérieusement et l'avaient frappé par leur accent de vérité. En attribuant à l'égoïsme la raison qui avait retardé sa rupture avec Camille, Léon dut s'avouer que son père avait touché juste, et reconnut encore qu'il avait eu raison de lui refuser un nouveau délai, qui n'eût sans doute amené que de nouvelles irrésolutions dans sa conduite. Il semblait à Léon que la volonté paternelle, en s'exprimant d'une manière irrévocable, lui avait fermé tout retour vers le passé, et donnait à sa faiblesse une force de parti pris qui devait lui faire accepter toutes les conséquences de la situation. Il passa la nuit à écrire, d'abord à Francis Bernier, qu'il savait être parmi tous ses amis celui pour lequel Camille avait le plus de sympathie : il le chargea d'entamer les premières négociations de rupture. On sait que celui-ci avait récusé ces fonctions. Léon répondit ensuite à la lettre de sa maîtresse, et crut faire quelque chose de significatif en ne mettant point sa réponse au diapason de la lettre qu'il avait reçue d'elle ; mais en commençant par correspondance les derniers chapitres de son roman de jeunesse, le souvenir des premiers lui revint, et jeta malgré lui de l'attendrissement dans des lignes qu'il avait voulu tracer d'une plume courante et d'un style dégagé. Les expressions familières et tendres terminaient cette première lettre, qui eût réellement inquiété Camille si la fin avait ressemblé au commencement.

— Ainsi Clémentine m'aime, se dit Léon ; et il se promit d'observer mademoiselle d'Héricy, ce qu'il n'eut pas besoin de faire longtemps pour reconnaître que son père ne s'était pas trompé. Pendant les premiers jours qui suivirent son arrivée à la campagne, tous les soirs, après le dîner, Léon se levait machinalement de table. C'était l'heure à laquelle, étant à Paris, il quittait sa famille pour aller passer une partie de la soirée avec Camille, et bien qu'éloigné d'elle, il semblait par ce mouvement obéir à la force de l'habitude. La vieille tante savait ce que cela voulait dire, et souriait en le voyant se rasseoir d'un air pensif. Clémentine avait été imprudemment initiée par elle à tous ces petits détails qui trahissaient dans la pensée du jeune homme la préoccupation de l'étrangère. Lorsqu'elle était à dîner chez M. d'Alpuis, elle attendait avec anxiété ce mouvement instinctif qui éloignait Léon de la table aussitôt le repas achevé.

— Tenez, disait-elle naïvement à sa confidente, voici qu'il s'en va *la* voir.

Presque tous les soirs, Clémentine prenait la tante de Léon à part pour lui donner le bulletin de la journée ; elle lui confiait toutes les remarques qu'elle s'appliquait à faire sur le langage de Léon et sur sa manière d'être avec elle. L'expérience de la vieille dame était appelée à juger, et, selon que ces observations étaient favorables ou hostiles à l'amour de Clémentine, elles étaient classées en bons et en mauvais points qu'on marquait à Léon. Il n'était point de choses puériles qui ne prissent des proportions aux yeux de cette jeune fille sincèrement éprise, et son ingénieuse passion, toujours en éveil, épiait les moindres gestes de celui qui en était l'objet comme pour leur demander quelle pensée muette ils exprimaient. Elle suivait ses regards, interrogeait le son de sa voix, analysait ses paroles, commentait toutes ses actions, et, sans qu'il s'en aperçût, traçait autour de lui un cercle d'attentions inquiètes dont la moindre était toute une révélation.

Lorsqu'il arrivait à Clémentine de dîner chez M. d'Alpuis, sa grande inquiétude, nous l'avons dit, commençait au moment où le repas s'achevait et où Léon se levait de table. Un soir, Clémentine remarqua que le jeune homme était resté à sa place : ce fut alors elle qui s'éloigna pour courir dans la chambre où une légère indisposition retenait la vieille tante :

— Oh! madame, fit-elle en allant l'embrasser, quelle bonne nouvelle! M. Léon ne s'est pas levé ce soir ; il a oublié d'aller là-bas.

— Alors il faut lui marquer un bon point, dit la tante de Léon en riant.

— Oh! fit Clémentine avec une radieuse ingénuité, cela en vaut bien deux.

Le soir, la tante de Léon résolut de tâter le terrain et de reconnaître au juste dans quelles dispositions son neveu était à l'égard de Clémentine. Quand il apprit la joie qu'il avait causée à la jeune fille en restant à sa place après le repas, Léon ne put s'empêcher de sourire, et il fit cette réflexion que la pensée de Camille n'était pas venue en effet, comme de coutume, le rappeler à ses anciennes habitudes.

— Oh! l'habitude! pensa Léon quand il fut seul. Et il se demanda si Camille, qui ne manquait pas de se placer à sa fenêtre quand approchait l'heure où il allait chez elle, avait conservé l'habitude de l'attendre ainsi, bien qu'elle fût éloignée de lui, comme luimême ne manquait pas de se lever de table après le dîner, bien qu'il fût éloigné d'elle. Il lui écrivit ce soir-là, et, comme la première fois, une lettre qui reflétait deux impressions différentes.

Deux jours après, Clémentine dînait encore chez M. d'Alpuis. L'habitude remua bien un peu la chaise de Léon ; mais il vit la jeune fille qui l'observait avec une vive inquiétude, et il resta sur sa chaise.—Pourquoi la contrarier inutilement? pensa-t-il. Et tous les soirs, à l'heure du dîner, il attendait, non sans y trouver un certain charme, le regard inquiet qui s'arrêtait sur lui, et qui semblait le remercier de son immobilité. Il arriva, au bout de quelque temps, qu'il trouva une certaine douceur à ce remerciement, et que cette douceur devint une habitude qui lui fit oublier l'autre. Clémentine, de son côté, commença à remarquer que le total des bons points comptés à Léon augmentait quotidiennement ; elle partageait avec la tante l'espérance que celle-ci pourrait bientôt l'appeler sa nièce.

Léon, cependant, commençait à éprouver les effets contagieux d'une tendresse naïve. Évoquant le souvenir de Camille, il la plaçait en face de Clémentine et lui disait: « Défends-toi! » Puis la raison lui murmurait intérieurement : « A quoi bon se défendre, puisqu'elle est vaincue d'avance? » Cette lutte qui, d'ailleurs, aurait pu se prolonger longtemps si elle avait eu lieu sur un autre terrain, fut abrégée par l'absence. Éloigné de Camille, il échappait à cette influence que toute femme aimée a su conquérir sur celui qu'elle aime en découvrant toutes ses faiblesses, en pénétrant à toute heure dans sa pensée même la plus secrète. S'il se fût trouvé à Paris au lieu de s'en trouver à cinquante lieues, Léon aurait trouvé chaque jour l'occasion de rompre, par quelque retour vers Camille, le cercle que l'amour de Clémentine rétrécissait autour de lui; mais il était loin d'elle, il était près d'une autre, et il dut s'apercevoir que son cœur, acclimaté dans un milieu nouveau, n'éprouvait que de rares accès nostalgiques. Les lettres qu'il écrivait à Camille, et qui devaient être une transition à un aveu, lui avaient d'abord semblé pénibles à écrire; un jour vint où il ne les trouva plus que difficiles, et le jour approchait où elles ne seraient plus que l'expression de sa pensée. Quelquefois, lorsqu'il se retirait pour répondre à Camille, au moment d'écrire, il se trouvait trop fatigué par l'exercice de la journée et remettait sa réponse au lendemain. Un jour, ayant reçu une lettre d'elle et se trouvant, à la chasse, avoir épuisé sa provision de bourres en feutre, il pensa à la lettre qu'il avait dans sa poche, et en déchira un fragment pour charger son fusil. En allant ramasser la colombe sauvage qu'il venait d'atteindre, il remarqua que la bourre fumait, à moitié consumée sur le guéret. Il la prit avec mélancolie, mais en voulant l'éteindre entre ses doigts, il n'écrasa que des cendres. — Ah! murmura Léon en jetant la colombe dans son carnier et pensant à l'usage qu'il venait de faire de la lettre de Camille, c'est elle autant que toi que je viens de blesser.

Ainsi, progressivement, il sentait venir l'oubli, et, d'heure en heure, approcher le moment où cette passion, qui avait tenu tant de place dans sa vie, s'en effacerait pour obéir aux inflexibles lois de mobilité qui régissent les sentiments de l'homme.

Clémentine dessinait assez bien, et avait commencé à l'aquarelle un petit sujet de nature morte d'après des oiseaux que le garde de son père avait tués sur un étang. Un soir, elle se plaignit que son chat, qu'on avait laissé entrer dans son petit atelier, eût complétement déplumé un *harle* magnifique qu'elle était en train de peindre. La destruction de son modèle l'obligeait à suspendre momentanément son petit travail, car, l'étang du voisinage venant d'être pris à la suite des grands froids, tous les oiseaux qui l'habitaient étaient allés s'abattre vers les cours d'eau, et pour retrouver des *harles* il fallait pousser jusqu'à une rivière située à quatre lieues.

— J'enverrai Robert nous tuer des canards sur l'Hyère, dit M. d'Héricy, et il te rapportera le gibier qui te manque.

— Mon ami, interrompit madame d'Héricy, Robert vient d'être malade, et les chemins pour aller pendant la nuit à la rivière sont bien mauvais; cette chasse peut être dangereuse. Clémentine attendra bien que les oiseaux soient revenus sur notre étang.

—Ah! j'attendrai, maman, répondit tranquillement Clémentine. Seulement j'avais destiné ce dessin à l'album de chasse que je prépare pour la fête de mon père; voilà pourquoi j'aurais voulu le finir.

Le lendemain, Clémentine trouva sur la table de son petit atelier deux *harles* qui étendaient leur ventre rose sous un rayon de soleil. Elle crut d'abord que Robert, instruit de son désir, était allé à la chasse pour lui tuer ces oiseaux; mais, en prenant un des harles par son long cou pour le suspendre, elle fit tomber un petit papier caché sous les ailes. Elle le ramassa et lut ces quelques mots : « J'en ai tué deux pour qu'il y ait la part du chat. »

— Sais-tu que M. Léon est bien complaisant? lui dit sa mère en souriant. Il est parti à trois heures du matin pour être au lever du jour à la rivière.

Et Clémentine pensa avec joie qu'il y avait bien

loin de cette rivière-là à la rue de la Tour-d'Auvergne, où demeurait la maîtresse de Léon.

En revenant de la chasse, Léon avait trouvé une lettre de Camille. Elles étaient bien caressantes, ces lignes, mais elles finissaient par des chiffres : Camille rappelait l'échéance prochaine d'une lettre de change signée à un marchand qui lui avait vendu un cachemire. Au moment de cette acquisition, Léon, dont la bourse était vide, avait souscrit un billet pour une échéance prochaine. Il demanda de l'argent à son père et en expliqua laconiquement l'emploi.

— Veux-tu davantage? observa celui-ci.

— Plus tard, bientôt peut-être, répondit Léon.

Il avait envoyé les fonds de la lettre de change avec une lettre, celle à laquelle répondait Camille dans le brouillon trouvé par le peintre Théodore.

Un mois après, la tante de Léon prit Clémentine à part et lui dit :

— Mon enfant, il y a une grande nouvelle : le jour de la fête de votre père, M. d'Alpuis doit aller lui demander votre main pour mon neveu.

— Il me l'a déjà demandée à moi, répondit la jeune fille ; mais, fit-elle avec un geste d'inquiétude, n'est-ce pas par obéissance aussi?

— Tenez, reprit la tante en lui montrant une lettre cachetée, voyez-vous cela ?

— Ah ! soupira Clémentine, elle écrit toujours ?

— Mais, dit la vieille dame, il oublie de lire ses lettres. En voici une dont le timbre est vieux de cinq jours.

Le jour de la fête de M. d'Héricy, la demande fut faite, et les paroles échangées entre les deux familles. Les fiançailles de Léon et de Clémentine eurent lieu aux violettes, et, comme la tante l'avait prévu, le mariage fut fixé aux lilas. Ce fut dans cet intervalle que Camille recevait de Léon des lettres plus rares et plus courtes, dans lesquelles elle trouvait déjà certaines ambiguïtés et cherchait vainement les bonnes paroles.

Léon entra un jour dans le cabinet de son père, et lui demanda deux jours pour aller à Paris. — Pour être sûr que tu ne resteras pas plus longtemps, je t'accompagnerai, lui dit son père.

Léon était arrivé à Paris avec son père le jour même où Camille avait dîné au Café Anglais en la compagnie de Francis Bernier et de Théodore ; mais le jeune homme n'avait pas voulu aller chez sa maîtresse le soir. Au moment où Théodore en sortant l'avait reconnu avec sa voisine, Léon n'était avec Camille que depuis une heure. S'étant senti devant elle repris par toutes ses irrésolutions, il s'était borné à lui dire que son retour n'était qu'un passage, et qu'il repartirait prochainement pour la campagne. Cependant il n'eut

9

pas la force de rester seul avec elle, et l'emmena pour aller prendre Francis Bernier, avec qui on devait dîner.

Prévenu par Léon, celui-ci attendait les deux amants dans son atelier. — Nous irons dîner ensemble, lui avait dit Léon le matin. Je ne veux pas être seul avec Camille, et je ne veux pas être chez elle pour lui annoncer mon mariage. Si devant toi-même le courage me manque, je trouverai un prétexte pour m'absenter. Tu lui diras que je me marie, et je remonterai pour vous rejoindre au bout d'un quart d'heure.

— Diable! avait répondu Francis, c'est une vilaine commission; mais, puisqu'il faut qu'elle soit faite, soit, je la ferai.

Léon avait promis. Lorsque Léon et Camille arrivèrent chez Bernier, ils le trouvèrent tout prêt à partir. On alla, comme la veille, dîner au Café Anglais, et le hasard voulut que le même cabinet fût disponible. Le commencement du dîner fut attristé par la pensée qui agitait les deux hommes; Camille, qui se sentait instinctivement gagnée par cette contrainte, fit la remarque que le dîner était moins gai que celui de la veille.

— Ah! dame! fit Francis, ce n'est pas tous les jours fête.

— Pourtant, dit Camille, c'est bien une fête pour moi ! — Et elle regarda Léon avec tendresse, puis avec inquiétude, en voyant qu'il regardait sa montre et prenait son chapeau :

— Tu sors ? dit-elle.

— Oui, répondit Léon. Mon père doit être aux taliens. J'ai à lui faire part d'une nouvelle que j'ai pprise dans la journée.

— Tu vas revenir ?

— Dans un quart d'heure.

— Rapporte-nous un peu de gaieté, dit Camille en lui faisant un geste amical. Nous avons l'air d'attendre un mort.

Pendant qu'il ouvrait la porte, restée seule avec Francis, elle ajouta : — Ne trouvez-vous pas que Léon a un air étrange ? On dirait qu'il souffre. Aurait-il du chagrin ?

— Mon enfant, dit Francis en lui prenant la main, Léon souffre en effet, parce qu'il sait que vous allez souffrir... Léon se marie !... Et maintenant, pensa Bernier observant Camille, le coup est porté, il va retentir.

— Ah ! fit Camille, et, appuyant ses deux mains sur sa chaise, elle essaya de se lever; mais il lui parut qu'elle était scellée à sa place. Elle secoua deux ou trois fois la tête, et, indiquant la fenêtre à Francis, elle lui dit, si bas qu'il la devina plutôt qu'il ne l'entendit : — Ouvrez.

Le jeune homme ouvrit la fenêtre, par laquelle entra aussitôt un air assez vif qui fit vaciller les bougies. Camille frissonna un peu, et, tirant son manteau accroché à une patère au-dessus d'elle, elle s'en couvrit les épaules.

— Et quand... ce que vous m'avez dit ? demanda-t-elle.

— Bientôt, répondit Bernier.

— Bientôt, répéta Camille comme un écho.— Bientôt, murmura-t-elle en fixant les yeux sur une rosace de la nappe.

Il y eut un silence, pendant lequel on entendit les éclats de rire d'un cabinet voisin.

— Doit-il revenir ? demanda Camille.

— Le voici, fit Francis reconnaissant à l'extérieur le pas de Léon, qui resta un moment sur le seuil de la porte.

Camille s'était levée à demi, puis était retombée à sa place. Elle lui fit signe de s'approcher. — Ah ! mon enfant ! ma pauvre enfant ! s'écria-t-il en tombant à ses genoux.

— Ton enfant ! ta pauvre enfant ! répéta Camille, et, lui serrant la tête contre sa poitrine, elle ajouta, moitié parole, moitié sanglots : — Fini ! fini ! fini ! —

Puis, tout à coup, avec vivacité et comme mue par un souvenir : — N'est-ce pas qu'elle est blonde?

Léon ne répondit pas. Camille se leva assez résolûment et dit aux deux jeunes gens : — Allons-nous-en.

— Léon demanda la carte, et comme on l'apportait, le jeune homme, ne sachant guère ce qu'il faisait, étalait machinalement des louis devant le garçon, qui le regardait d'un air étonné en voyant qu'il avait tiré de sa poche plus de cinq cents francs pour en payer trente-six.

— Tu es fou, dit Bernier en lui faisant remettre son argent dans sa poche, et il paya lui-même le garçon, qui sortit en disant : De quoi sont-ils donc ivres? Ils n'ont pas même bu.

Dans le corridor, Francis, qui avait senti Camille fléchir sous son bras, dit à Léon d'aller chercher une voiture. En descendant l'escalier, Camille répétait encore : Fini! fini! fini!...

— Achetez-moi un bouquet de violettes, ma bonne dame charitable, dit la marchande de bouquets en s'approchant de Camille, qu'elle reconnut pour la dame qui lui avait donné un louis la veille. Camille passa sans l'entendre. La marchande la suivit en ajoutant : Cela vous portera bonheur.

— Ah! ma bonne femme, répliqua Camille en l'écartant brusquement, ce n'est pas tous les jours fête.

— Reconduis-la chez elle, dit tout bas Léon à Francis, qui faisait entrer Camille dans le coupé. Il faut que j'aille rejoindre mon père, qui m'attend sur le boulevard. — Demain j'irai te voir, dit-il à Camille, et je te promets de passer la journée avec toi.

— Tout entière? demanda-t-elle.

— Tout entière, répondit-il en lui tendant la main par la portière.

— Oui, mais d'ici à demain, dit Camille comme se parlant à elle-même, il y a la nuit à passer.

Francis la ramena chez elle, et monta un instant pour lui tenir compagnie. Dans l'escalier, Camille rencontra une de ses voisines qui était en domino.

— Le carnaval n'est donc pas fini? demanda-t-elle à Bernier.

— C'est aujourd'hui la mi-carême, répondit celui-ci; il y a bal à l'Opéra.

Il passa auprès d'elle une demi-heure silencieuse. Au bout de ce temps, Camille lui dit : Le bal, c'est du bruit. Voulez-vous me mener à l'Opéra, Francis?

— Soyez raisonnable, lui répondit Bernier. Ce n'est pas le spectacle de la joie des autres qui vous consolera. Je ne puis, d'ailleurs, vous conduire au bal; mais je viendrai vous voir demain, et puis les autres jours. Adieu, soyez sage.

En quittant Camille, Francis monta chez Théodore.

— Venez donc demain me voir, je vous présenterai à l'ami dont je vous ai parlé.

Et il raconta en deux mots l'arrivée de Léon, que Théodore savait déjà, et la rupture décidée du jeune homme avec Camille.

— Comment ma petite voisine a-t-elle pris la chose? demanda Théodore.

— Mais, reprit Bernier, elle a le cœur brisé.

— Qui sait? pensa Théodore lorsqu'il fut seul, les morceaux en sont peut-être bons.

Et, ayant entr'ouvert sa croisée, l'artiste se mit à chanter assez haut pour être entendu dans le voisinage :

<pre>
    Je me suis engagé
    Pour l'amour d'une belle.
</pre>

Il allait recommencer pour la seconde fois la *chanson du capitaine,* lorsqu'il entendit frapper à sa porte. Ayant ouvert, il se trouva en face de la femme de chambre de Camille qui lui apportait la suite tant attendue du roman; une petite lettre accompagnait cet envoi. Théodore parut surpris en lisant le billet de sa voisine, qui demandait une réponse. — Attendez, dit-il en passant dans la pièce où il couchait. Théodore ouvrit un tiroir où il avait serré une petite somme reçue le soir même, et, l'ayant comptée, il fit le calcul suivant sur un bout de papier : — Entrée, six francs; vestiaire, un franc cinquante; gants, trois francs; souper, dix francs, mais pas au Café Anglais, pensa Théodore. J'ai tout juste vingt francs de monnaie, et encore il y a une pièce douteuse; mais je la ferai passer au vestiaire.

Comme il faisait ses comptes, il entendait ce petit dialogue qui s'engageait dans son esprit : — Et demain?... disait la raison. — Demain... répondait le désir; demain, il fera jour.

— Que dois-je dire à madame? demanda la camériste lorsqu'elle vit Théodore rentrer dans son atelier.

— Vous direz : Oui, répondit l'artiste. Et quand il se trouva seul, il s'écria, troublé par une réflexion soudaine : — Et s'il pleut, comment prendre des voitures?... Bah! Il ne pleuvra pas.

IX

Tout en faisant la part la plus large au proverbial esprit de contradiction féminin, Théodore Landry ne pouvait admettre sans offenser le bon souvenir qu'il avait conservé de Camille que celle-ci s'empressât autant de mettre à profit sa liberté nouvelle, et qu'elle eût justement songé à lui pour en inaugurer les premières heures. Lorsqu'au moment où il la supposait en proie à une vive douleur, elle l'avait prié d'être son cavalier pour une nuit de bal, Théodore avait été surpris ; mais, en se mettant aussi promptement à sa disposition, sans tenir compte des embarras d'une certaine nature qui pourraient le lendemain être le résultat de sa complaisance, il n'obéissait à aucun mobile vulgaire. Il agissait san autre arrière-pensée que la curiosité. Camille avait pour lui l'intérêt d'un roman;

seulement il ne se dissimulait pas que ce roman lui semblait plus intéressant que celui qui l'avait par hasard introduit dans l'intimité de sa voisine.

À l'heure indiquée par celle-ci, il la trouva au lieu du rendez-vous, c'est-à-dire à l'angle même de la rue. Camille vint à lui la première et lui prit le bras sans lui parler : elle était en domino noir très-simple et tenait son masque à la main. Comme au détour de la rue on passait devant une station de voitures, Théodore s'empressa de dire en montrant le ciel, qui était d'une sérénité merveilleuse : Nous avons un bien beau temps, nous pourrons aller à pied. — Et il pressa le pas en passant devant la station, inquiet cependant, car il sentait que sa compagne paraissait vouloir ralentir sa marche, et craignait que la vue des voitures ne lui donnât l'idée d'en vouloir prendre une. La halte de Camille avait un autre motif : elle attendait qu'elle fût rejointe par sa camériste, qui venait derrière elle, et commençait, en se rapprochant, à révéler sa présence par une espèce de petit carillon dont le bruit sortait des plis de son manteau. Camille alla au-devant des questions de Théodore, qui paraissait un peu surpris. — Marie m'a demandé à venir avec moi au bal masqué, dit-elle; elle a eu peur de rester toute seule à la maison. Elle aura assez à faire de me consoler demain et les autres jours : elle peut bien s'amuser un peu ce soir. Il ne faut pas toujours ne penser qu'à soi.

Comme Théodore cherchait à s'expliquer l'origine du bruit singulier que la camériste faisait en marchant, un coup de vent entr'ouvrit son manteau ; il s'aperçut alors qu'elle était vêtue d'une jupe de gaze étoilée de paillon grossier et dentelée par le bas. A chaque dent pendait une grappe de petits grelots qui rebondissaient incessamment sur le maillot que Marie portait par-dessous sa jupe historiée d'emblèmes mythologiques. En lui permettant de l'accompagner au bal, Camille avait dit à sa camériste de prendre un domino pareil au sien ; mais ce déguisement sévère n'avait pas été du goût de celle-ci. Elle s'était laissé séduire par un costume de *folie*, qui lui semblait devoir produire plus d'effet, et qu'elle trouvait plus commode pour danser. Camille avait été d'abord fort contrariée en revoyant paraître Marie sous ce véritable costume de carnaval ; mais il était trop tard pour changer de déguisement. Marie l'avait d'ailleurs désarmée pour une proposition naïve : supposant que sa maîtresse regrettait de ne pas avoir eu l'idée de choisir un costume pareil au sien, elle lui avait offert de le lui échanger contre son domino.

En se rendant à l'Opéra, Camille avait dit à Théodore que c'était la première fois qu'elle allait au bal masqué. Sans que celle-ci pût s'en apercevoir, le jeune homme avait souri à cet aveu. Tant de fois déjà il l'avait entendu faire par des femmes qui, à peine entrées dans le bal, avaient trahi la plus exacte connaissance des lieux et des usages ! Ai-je donc l'air si niais, se dit-il, qu'elle puisse supposer qu'il soit facile de m'en faire accroire ? Et dans quelle intention d'abord ? Quand elle serait déjà venue au bal masqué, où serait le mal ? Et si elle pense qu'il y en a, pourquoi y vient-elle ?

Il dut reconnaître pourtant, dès qu'ils furent arrivés, que Camille ne l'avait pas trompé ; il y avait dans son étonnement ahuri une virginité d'impression qu'il n'était point possible de feindre. Penchée sur le devant d'une loge de la galerie où Théodore l'avait conduite, Camille regardait l'étrange spectacle de cette cohue frémissante, dont les courants opposés soulevaient, en s'entre-choquant, des tourbillons de poussière embrasée, comme la cendre qui s'élève d'un foyer incendié. Camille n'était pas habituée à respirer cet ardent simoun de la saturnale. Les clameurs de la foule, les tempêtes de l'orchestre, que le démon du vertige semblait diriger, après l'avoir étourdie un moment, commencèrent à la fatiguer. Elle quitta la salle et se fit conduire au foyer. La camériste, ne pouvant la suivre à cause de son costume, dut rester dans les corridors; elle ne devait point y demeurer longtemps solitaire : une troupe de ces masques excentriques qui ont le génie du haillon et de la guenille s'était précipitée de ce côté en poussant un cri significatif avec lequel les premiers enfants de Rome réveillèrent le camp sabin dans une nuit mémorable. Marie eut beau protester et se défendre, elle fit partie d'une *razzia* de danseuses, et, cinq minutes après, entraînée dans la salle du bal par un colosse dont la chevelure de flamme aurait pu inquiéter les pompiers de service, elle se trouvait initiée aux premiers éléments d'une danse de caractère inconnue au ménétrier de son village.

Camille, cependant, se promenait dans le foyer, où l'encombrement rendait la marche si difficile, qu'elle demanda à s'arrêter. Théodore la fit asseoir et s'assit auprès d'elle sur un des divans circulaires qui garnissent les petits salons choisis de préférence par tous les genres de célébrités assidues au bal masqué, où les unes trouvent une satisfaction d'amour-propre à se montrer, où les autres sont amenées par des raisons intéressées dont l'amour-propre n'est pas l'unique mobile. Théodore lui désignait les passants célèbres, mettant les noms sur les visages, et sa compagne était bien étonnée quelquefois d'entendre des gens qui avaient une grande réputation d'esprit la compromettre publiquement en acceptant des assauts de parole avec quelques-uns de ces niais bavards toujours heureux d'attirer sur eux-mêmes une partie de l'attention qu'excite un homme connu. De même qu'en voulant apaiser une rage de dents on fait usage quelquefois d'un violent topique qui peut momentanément engourdir le mal, Camille était venue à l'Opéra, non point pour oublier sa douleur, mais pour la fatiguer, et pour étourdir pendant quelques moments sa pensée par les distractions d'un spectacle nouveau et bruyant. En entrant dans le bal, elle savait bien mettre les pieds sur un terrain ouvert à toute la licence de mœurs exceptionnelles, elle était préparée à entendre plus d'un dialogue dégagé des lenteurs de la périphrase; mais elle comptait pourtant retrouver dans les conversations du foyer un écho de cet esprit libre et tapageur que la tradition d'une autre époque associe aux souvenirs du bal masqué. Camille devait bientôt partager la déception de ceux qu'une curiosité pareille à la sienne avait attirés au bal. De plaisir, d'entrain et de gaieté, elle n'en voyait pas l'apparence. Des hommes lugubres, qui semblaient échappés de l'abbaye de l'ennui, se promenaient gravement et s'abordaient pour parodier, dans quelques lazzis empruntés au répertoire des tréteaux, le vœu monacal des frères trappistes. Les femmes, qui pour le plus grand nombre appartenaient à cette population banale où le caprice des désœuvrés vient chercher des distractions faciles, ne prenaient point même la peine de dissimuler leur instinct vénal. Ce n'était ni la galanterie courtoise, ni la vive allure d'une fantaisie s'allumant à un contact imprévu, ni même le libertinage en quête d'un dénoùment d'orgie, qui accouplaient les cavaliers aux dominos, mais une sorte de fade et silencieux abrutissement n'ayant pas toujours l'excuse de l'ivresse.

Dans un coin du salon où se trouvait Camille, la foule entourait un groupe composé d'hommes dont le nom seul aurait du être une obligation de dignité : c'étaient des artistes, des poëtes, des écrivains, des fils de famille appelés à perpétuer par d'illustres alliances les instincts de grande race, et formant une députation qui représentait, pour ainsi dire, l'autorité de l'intelligence et du nom. Au milieu de ces élus brillaient les grandes étoiles de la corruption élégante, les aventurières du pavé que la publicité, cette courtisane de tout ce qui réussit, met si complaisamment en évidence. Ces femmes-là ne ressemblaient pas aux faméliques créatures qui viennent au bruit des assiettes comme les animaux parasites de l'homme. Elles avaient une existence opulente; elles auraient pu, dans la fréquentation des gens souvent considérables et quelquefois considérés dont elles s'entouraient, acquérir une sorte d'éducation factice et superficielle peut-être, mais dont les traces devaient pénétrer leurs habitudes et se retrouver au moins dans leur langage. Dans ce groupe, où semblaient s'isoler ces hommes habitués à donner le ton à l'esprit parisien et ces femmes désignées à l'attention publique, ceux qui se tenaient aux aguets de leurs propos cherchaient peut-être une certaine verve abondante et railleuse, dont les révélations pourraient défrayer le lendemain les causeries de la ville. — Leur curiosité fut promptement déçue. Ces hommes parlaient tout haut et couramment une langue ignoble, empruntée au vocabulaire des laquais et des *pitres*; les femmes, qui, en les écoutant, jouaient de l'éventail et respiraient les parfums de leurs bouquets, les comprenaient et leur répondaient familièrement dans cette langue du ruisseau qui leur revenait aux lèvres avec la douceur de l'idiome natal. Et cependant on se pressait, on montait sur les divans, et chacun voulait voir et entendre ces hommes célèbres, ces reines du scandale parisien, et lorsque l'une d'elles, une belle fille de seize ans qui avait le ciel dans les yeux, ouvrit la bouche et se mit à mâcher du Rabelais tout cru, elle fut même accueillie par un tonnerre de bravos qui la rendit tellement confuse, qu'elle remit son masque pour cacher l'orgueilleuse rougeur causée par cette ovation.

Camille n'était ni prude ni maniérée. Au milieu des réunions d'amis où Léon la conduisait quelquefois, sa présence n'avait jamais été un obstacle à la familiarité qui peut régner dans une société composée de jeunes gens. Seulement, ceux qu'elle fréquentait l'avaient accoutumée à une réserve qui d'ailleurs ne gênait pas leurs habitudes. Bien élevés pour la plupart, ils pensaient que la gaieté pour être spirituelle n'a pas besoin d'être épicée par le cynisme de l'expression, et estimaient un pauvre plaisir l'embarras qu'on cause à une femme en s'exprimant devant elle dans une langue qu'il ne lui est pas permis de comprendre sans qu'elle s'expose à ce qu'on ne lui en parle plus d'autre. Aussi, en écoutant des propos qui s'échangeaient autour d'elle par des gens signalés pour leur esprit et possédant une apparence de distinction, Camille éprouvait-elle une déception voisine de la répugnance. Elle ne comprenait pas quel singulier bénéfice d'amour-propre ils pouvaient recueillir de cette brutale exhibition de mœurs douteuses. Théodore, s'étant aperçu de l'embarras témoigné par sa compagne, l'éloigna du groupe au moment où l'un des personnages commençait le récit d'une aventure équivoque.

— J'ai déjà beaucoup abusé de votre complaisance, lui dit Camille, mais je ne veux pas être indiscrète plus longtemps, et si vous voulez seulement m'aider à rejoindre Marie, je vous rendrai votre liberté.

— Vous ne vous amusez guère ici, n'est-il pas vrai? demanda Théodore.

— Non, répondit Camille. Je n'y étais pas venue, d'ailleurs, dans cette intention, mais seulement pour y chercher une fatigue qui amènera sans doute un repos dont j'ai grand besoin. Je regrette d'avoir vu et entendu des choses qui sont loin de m'inspirer le désir de les revoir et de les entendre. Ah! si c'est là ce qu'on appelle le plaisir, je trouve bien à plaindre ceux qui viennent lui demander l'oubli de leurs chagrins.

— Vous parlez comme une personne qui en aurait, dit Théodore en provoquant la confidence.

Camille, en quelques mots, l'instruisit de sa situation nouvelle. — Léon me gronderait bien, dit-elle en achevant, s'il savait que je suis venue ici.

— Mais, interrompit Théodore, la personne dont vous parlez n'a-t-elle par perdu tout droit de contrôle sur vos actions en vous rendant votre liberté?

— Ma liberté! murmura Camille. Oh! comme voilà un mot qui m'épouvante!

En passant devant l'horloge, où l'aiguille marquait trois heures, elle exprima de nouveau le désir de se retirer.

—Nous partirons ensemble, répondit Théodore,

et quand il vous plaira ; comme nous sommes voisins, je vous remettrai à votre porte.

— Je ne voudrais cependant pas que ma présence fût un embarras pour vous, lui dit Camille. Il est certain que vous avez ici beaucoup de connaissances, et que les occasions ne vous manqueraient pas de vous distraire de ma maussade compagnie. Je vous en prie, insista-t-elle, si vous aviez quelque raison pour rester, ne vous gênez pas à cause de moi.

— Je n'en ai pas plus pour rester que je n'en avais pour venir, interrompit Théodore, qui s'empressa d'ajouter : Si ce n'est toutefois le désir de vous être agréable.

Camille ne chercha point s'il y avait dans cette réponse quelque chose de plus qu'une intention de politesse ; elle était d'ailleurs préoccupée par la présence d'un domino féminin qui, depuis quelques instants, paraissait s'attacher à leurs pas avec une persistance curieuse dont Théodore semblait être particulièrement l'objet. Profitant d'un moment où la foule les obligeait à s'arrêter, le domino, s'approchant du compagnon de Camille, lui posa la main sur l'épaule, et, d'une voix dont la sonorité mal déguisée trahissait la jeunesse, lui dit : Je te connais.

— Ma chère, répondit lestement Théodore, nous n'avons qu'un temps à vivre, ne le perdons pas inutilement à nous intriguer, c'est un plaisir passé de mode. Une fois, deux fois, si tu me connais, qui es-tu ?

— Ah! une vieille date.

— J'ai de la mémoire, une date rappelle un nom.

— Voyons si celle-là te rappellera le mien, dit le domino, qui avait retiré l'un de ses gants, et mettait sous les yeux du jeune homme une main délicate dont les doigts étaient richement ornés de bagues. A l'un de ces doigts, l'artiste reconnut une petite cicatrice dont la vue éveilla sans doute un souvenir dans sa pensée, car il serra avec vivacité la main qui lui était tendue, et murmura d'une voix un peu émue : — Ah! Geneviève!

Pour ne pas troubler une rencontre qui débutait par une reconnaissance, Camille quitta le bras de Théodore et se tint un peu à l'écart ; mais, poussée par le flot tumultueux de la foule, elle était souvent ramenée malgré elle derrière le couple dont elle avait voulu s'isoler par discrétion. Quelques lambeaux de conversation qu'il lui fut impossible de ne pas entendre révélèrent à Camille l'intimité ancienne qui avait existé entre Théodore et sa compagne. — Comme c'est loin, comme c'est loin de nous, ce temps-là! disait la jeune femme. Et quand je pense que voilà tout ce qui en reste, ajouta-t-elle en montrant de nouveau la cicatrice qui l'avait fait reconnaître : la trace d'une braise rouge tombée d'un tison de Noël, un soir que nous faisions le réveillon avec des pommes de terre cuites sous la cendre ! Ah ! il faisait bien froid ce soir-là dans ta tour du Nord. J'y ai attrapé des engelures.

— Il faisait encore bien plus froid le lendemain, va, répondit Théodore, et si tu étais revenue, le tison de Noël où tu t'étais brûlée la veille aurait à peine pu te dégourdir les doigts, car il donnait si peu de chaleur et jetait si peu de clarté, qu'en passant la soirée au coin de mon feu, je ne pouvais pas même voir que j'y étais tout seul.

Camille crut entendre que la compagne de Théodore essayait une justification de sa conduite passée. L'artiste lui répondait : — Mais je ne t'en ai jamais voulu. Il y a dans la vie d'une femme une saison pour le muguet et une saison pour les diamants. Nous aurions eu beau aller nous promener tous les dimanches, et même pendant la semaine, dans les bois de Meudon, nous n'aurions jamais pu y cueillir des fleurs pareilles à celles que tu as dans les cheveux : on ne les trouve que chez les bijoutiers. Je te fais, d'ailleurs, mon compliment, tu parais toujours charmante, et les bagues vont aussi bien à tes mains que les engelures ; c'est plus cher, mais c'est plus joli. Es-tu heureuse, d'ailleurs ?

— Très-heureuse, répondait le domino ; mais si tu voulais, j'irais bien de temps en temps me distraire de mon bonheur auprès de toi ; tu sais que j'ai conservé une clef de la tour du Nord ?...

— Eh bien ! mon enfant, envoie ta clef au musée, c'est un objet d'art ; ma serrure est changée, répliqua gaiement Théodore.

Le domino s'attacha plus étroitement au bras du jeune homme, lui parlant à l'oreille avec une intimité qui, sans qu'on pût les entendre, semblait révéler le sens de ses paroles. — Ma chère, lui répondait l'artiste, ne touchons pas à ces choses fragiles du passé et n'essayons point de réveiller des sentiments qui n'auraient pas la douceur et le charme que nos souvenirs ont pu leur conserver. Les oiseaux empaillés ne chantent plus.

Comme Théodore lui donnait ainsi un congé définitif, sa compagne aperçut Camille, qui marchait derrière elle. Se tournant de son côté, elle lui fit une révérence courtoise et lui dit d'une voix un peu dépitée cependant : — Ne crains rien, beau masque, et ne sois point jalouse de moi. Lui-même vient de me le dire, je ne suis plus pour lui que le moyen âge, et toi, sans doute, tu es la renaissance.

— Oh ! oh ! fit Théodore avec une admiration ironique.

— Qu'a donc voulu dire cette dame? demanda Camille lorsque le domino, en s'éloignant, l'eut remise au bras de Théodore.

— Elle n'en sait rien, répondit celui-ci, ce sont des mots qu'elle a dû entendre autrefois dans les ateliers.

Ils sortirent du foyer pour se mettre à la recherche de la camériste, qu'ils avaient laissée dans le corridor des premières loges. La foule y était encore plus compacte qu'ailleurs et se tenait presque immobile. Théodore, ayant trouvé pour sa compagne un coin isolé dans un angle de l'escalier qui montait aux étages supérieurs, lui dit de l'attendre, tandis que lui-même irait à la recherche de Marie, sans doute aventurée dans la salle. Camille ne resta pas longtemps tranquille dans sa solitude. L'heure était venue où les gens qui ne voient dans un bal à l'Opéra qu'un prologue à un souper et au souper qu'un prologue à l'orgie commençaient à recruter des convives féminins. Deux jeunes gens s'étaient approchés de Camille, et, sans aucune transition, lui avaient proposé de les accompagner dans un restaurant voisin, où les attendaient déjà quelques-uns de leurs amis. L'impertinence de cette proposition pouvait surprendre une femme qui n'était point initiée aux traditions mises en usage dans un certain milieu. En voyant autour d'elle des femmes accueillir, sans montrer le moindre étonnement, des propositions pareilles à celles qu'on venait de lui faire, en remarquant que quelques-unes semblaient même les provoquer, Camille fit la réflexion qu'elle était dans un lieu où la courtoisie n'était pas familière aux hommes qui le fréquentaient : elle devait donc prendre le parti de supporter les ennuis d'une méprise, et répondit seulement de manière à faire cesser celle dont elle était l'objet; mais elle ne put se débarrasser d'une obsession qui commençait à lui faire regretter très-vivement d'être restée seule. A quelques propos voisins de l'inconvenance, elle ne put s'empêcher de répondre en des termes assez vifs qui piquèrent l'amour-propre des deux jeunes gens. L'un d'eux, dont le sang-froid n'était pas bien évident, ainsi que l'attestaient son attitude équivoque et sa parole embarrassée, n'avait qu'un pas à faire pour aller de l'impertinence à la grossièreté. Il le fit, et, sous le prétexte de voir si Camille était jolie, il porta la main à la barbe de son masque et souleva rapidement la dentelle. Camille se sentit envahie intérieurement par une indignation qu'elle ne put contenir, et la manifesta par un geste énergique qu'un homme ne laisse ordinairement pas achever à un autre. — Ah ! tu m'en rendras raison ! fit le jeune homme en ayant l'air de tourner en plaisanterie la correction qui lui avait effleuré le visage, et se précipitant vers Camille, qui essayait vainement de s'échapper, il la prit par la taille et l'embrassa sur le col, aux grands applaudissements d'un groupe qui avait assisté à la scène.

Pendant que ceci se passait dans les corridors, Théodore, ayant pénétré dans la salle, déjà un peu dégarnie, y rencontrait, non sans l'avoir longtemps cherchée, la camériste de Camille. Cédant à un entraînement communicatif, celle-ci faisait merveille au milieu d'un quadrille, et se montrait d'abord médiocrement disposée à suivre l'artiste. Elle y consentit cependant, après avoir promis à l'un des masques avec lequel elle était encore engagée qu'elle reviendrait bientôt.

— Mais nous partons, lui dit Théodore.

— Ah! fit-elle, je n'ai pas envie de m'en aller, moi. Je vais prier madame de rester encore un peu.

Au moment où elle rejoignait sa maîtresse en compagnie de Théodore, Camille était sur le point de recourir à l'intervention de l'autorité pour échapper aux brutalités des deux jeunes gens, qui l'eussent peut-être laissée libre, si la galerie ne les avait pas encouragés à vaincre sa résistance. — Ah! comme vous avez été long! s'écria la jeune femme en apercevant Théodore, qui s'était brusquement ouvert un passage dans le groupe. — Et, se cramponnant à son bras, elle essaya de l'entraîner.

La présence de l'artiste avait dégagé Camille de ses agresseurs; mais Théodore avait remarqué du trouble dans la voix de sa compagne, et, voyant qu'elle s'appuyait sur son bras avec la sécurité qu'inspire la certitude d'une protection, il devina que son arrivée était venue se mettre entre elle et quelque insulte dont les deux jeunes gens étaient les auteurs, comme l'indiquait trop clairement l'attitude ironique qu'ils conservaient encore en face de la jeune femme.

— Qu'y a-t-il? demanda Théodore.

— Rien, rien, se hâta de dire Camille, effrayée par l'idée d'une explication qui pourrait amener une querelle. Allons-nous-en. — Venez, Marie, ajouta-t-elle en faisant signe à la camériste de la suivre.

La présence de celle-ci et la singularité de son costume excitèrent de nouveau les ricanements des deux jeunes gens, qui, pour se venger de Camille, lui préparèrent une sortie ridicule, dans laquelle Théodore éprouva un certain déplaisir à se voir enveloppé. Ils avaient déjà atteint la moitié de l'escalier de dégagement, lorsque la camériste fit observer qu'on avait oublié de reprendre les effets déposés au vestiaire. Théodore craignit qu'elle ne fût involontairement attardée, et préféra les aller reprendre lui-même. Comme il rentrait dans le corridor après avoir laissé les deux femmes sous le vestibule et se dirigeait vers l'ouvreuse à laquelle on avait en entrant confié les manteaux, il fut rencontré par les deux jeunes gens dont l'attitude venait de le blesser. Ceux-ci le reconnurent, et il entendit le plus jeune des deux qui disait à l'autre : — Si tu m'avais cru, nous aurions suivi cette petite sauvage. J'aurais bien voulu l'apprivoiser.

— Il est encore temps, répondit l'autre ; puisque ce garçon est remonté, c'est qu'il ne l'accompagne pas : nous la rattraperons dans le vestibule. La *folie* qui est avec elle nous la fera reconnaître.

Ils se disposèrent aussitôt à prendre le chemin de l'escalier; mais Théodore, s'étant fait délivrer les objets mis au vestiaire, traversa le corridor et arriva sur le palier au moment où les deux jeunes gens descendaient les premières marches. Se voyant rejoint, et comprenant que le retour de Théodore allait de nouveau mettre obstacle à son dessein, celui qui avait eu l'idée de poursuivre Camille dit en désignant l'artiste chargé de manteaux : — C'est le domestique.

L'accent railleur qu'on avait donné à ce mot ne pouvait échapper à Théodore, déjà mal disposé ; aussi, en passant auprès des deux jeunes gens, les heurta-t-il assez vivement sur l'escalier pour que l'un d'eux fût obligé de s'appuyer au mur. Dans le mouvement que celui-ci fit pour se retenir, son chapeau roula sur une marche. Il arrêta par le bras Théodore, qui continuait sa route, et lui dit avec hauteur : — Vous allez ramasser ce chapeau ! — Je ne suis pas votre domestique, répondit Théodore avec une hauteur égale en se dégageant par un geste brusque ; mais le jeune homme, excité par cette réponse et aussi par l'attitude provoquante de celui qui venait de la faire, renouvela son injonction en des termes où éclatait une hostilité déjà mal contenue. Les paroles s'échangèrent courtes, rapides et pressées, suivant la marche ordinaire de toute querelle dont le motif apparent n'est pas la cause réelle. Lorsqu'on intervint entre Théodore et son adversaire, il était trop tard pour amener un dénoûment pacifique à leur débat. L'artiste avait été au-devant d'un geste insultant qui l'avait menacé, et quittait la partie avec la position d'offenseur. Après un échange de cartes, les deux hommes se séparèrent. L'adversaire de Théodore, accompagné de son ami, remonta dans la salle, et celui-ci rejoignit Camille, qui commençait à s'inquiéter de son absence, bien qu'elle ne pût en soupçonner le motif. L'artiste se justifia, d'ailleurs, en l'attribuant à la lenteur avec laquelle était fait le service du vestiaire.

Bien que le temps fût resté beau, Théodore proposa de prendre une voiture pour s'en retourner. Il avait hâte d'être chez lui et d'y être seul. Quand ils arrivèrent à la porte de Camille, celle-ci lui dit : — Je regrette bien de vous avoir dérangé, car je ne crois pas que vous vous soyez amusé plus que moi au bal. Surtout, ajouta-t-elle, si vous voyez M. Bernier, ne lui parlez pas de cette escapade.

— Je ne lui dirai donc pas que nous nous sommes revus? dit Théodore.

— Oh! reprit Camille, ce n'est pas à cause de cela, mais seulement à cause de la circonstance dans laquelle nous nous sommes retrouvés. Il m'avait défendu d'aller au bal. C'est un homme si raisonnable! Nous nous reverrons, acheva Camille en serrant familièrement la main du jeune homme.

— Pas demain, interrompit-il avec vivacité; j'aurai une journée très-occupée.

— Non, pas demain, répliqua Camille en songeant à la visite que Léon lui avait promise, je ne serai moi-même pas libre, mais plus tard... ajouta-t-elle avec un accent de tristesse.

— Eh bien! lui dit Théodore, puisque nous demeurons porte à porte, venez me voir, et nous causerons en bons voisins.

— C'est que cela ne sera pas bien gai, ce que je vous dirai, fit Camille, et puis je ne voudrais pas être indiscrète.

— Toutes les fois que vous apercevrez un petit

10.

drapeau bleu à ma fenêtre, ce sera un signe que vous pourrez monter.

— Un drapeau bleu? répéta Camille comme pour se rappeler.

— Oui, répondit Théodore, c'est le pavillon de la flânerie.

La jeune femme avait la main sur le marteau de sa porte, elle le laissa retomber en disant : — Bonsoir, mon voisin.

— Bonsoir, ma voisine, répondit Théodore.

Comme il rentrait chez lui, cinq heures du matin sonnaient aux horloges d'alentour. — Récapitulons le total de ma soirée, dit-il après avoir allumé sa lampe. Nous disons donc que j'ai un duel avec, — il regarda la carte qu'on lui avait remise en échange de la sienne, — avec M. Ferdinand d'Héricy, jeune homme mal élevé. — L'idée de ce duel ne fut pas sans le préoccuper un peu. Étant d'un caractère ordinairement doux et conciliant, Théodore n'avait jamais eu d'affaire, et commençait à s'étonner de s'en trouver une sur les bras, surtout lorsque la cause en était étrangère à toute passion, et qu'il n'éprouvait plus aucune animosité contre son futur adversaire. — Après cela, pensait Théodore, il peut arriver tous les jours qu'un malappris vous entraîne involontairement dans une querelle d'où l'on ne sort que la main levée;

mais si je n'étais pas allé au bal masqué cette nuit, je n'aurais pas rencontré ce monsieur, qui n'aurait pas eu l'occasion d'être impertinent avec ma voisine.
— Théodore fut quelque temps avant de s'avouer que c'était autant la cause de Camille qu'il avait défendue que la sienne, et se demanda, pour conclure, si Francis Bernier, en sa qualité d'homme raisonnable, eût agi comme lui en se trouvant dans les circonstances qui s'étaient produites pendant la nuit. Comme il s'était mis à sa fenêtre pour voir si le jour allait bientôt paraître, Théodore entendit une fenêtre qui s'ouvrait aussi dans le voisinage, et y crut y apercevoir une forme vague qui se tenait immobile. — Camille ne peut pas dormir, pensa-t-il, mais ce n'est pas à cause de moi. — Et il fit cette réflexion que, s'il ne dormait pas lui-même, c'était à cause de Camille

A

Dès que le jour fut levé, Théodore courut chez Francis Bernier, qui demeurait dans le quartier de l'Observatoire; il le trouva dans son atelier, et tout prêt à se mettre au travail. Comme il lui exprimait son étonnement, Francis répondit : — J'ai une séance de portrait, j'attends un officier de mes amis qui part pour l'armée; mais vous-même, ajouta Bernier, également surpris de la présence de Théodore, vous êtes matinal comme un garde du commerce.

— Je viens vous raconter une histoire.

— Si cela vous est égal et ne vous dérange pas dans votre récit, reprit Bernier en jetant sur les épaules de Théodore un grand manteau rouge de spahi, posez-moi donc cette draperie, j'y travaillerai en vous écoutant, et ce sera toujours cela de fait quand mon modèle arrivera.

— Vous ne perdez pas les minutes, fit Théodore en riant et en prenant la pose que lui indiquait le portrait déjà ébauché.

— Les minutes sont la monnaie du temps, répondit Francis en se mettant à la besogne. Voyons votre histoire.

— Vous qui allez dans le monde, demanda Théodore, connaissez-vous un monsieur Ferdinand d'Héricy ?

— D'Héricy?... J'ai entendu ce nom-là, dit Bernier; mais je ne connais pas la personne qui le porte. Pourquoi me demandez-vous ce renseignement?

— C'est que j'ai un duel avec ce monsieur; je suis venu pour vous demander si vous vouliez être mon témoin et si vous pouviez m'en procurer un autre. Voilà mon histoire. Vous voyez qu'elle n'est pas longue, acheva Théodore.

— Vous avez un duel! fit Bernier en déposant sa palette et ses brosses. Et à quel propos ?

— Une querelle.

— Mon ami, dit Francis, vous venez me demander un service qui ne se demande et ne s'accorde pas à la légère. Puisque je suis chargé de vous représenter dans cette affaire, quelle qu'en doive être l'issue, pacifique et j'y tâcherai, sérieuse si on ne peut l'arranger, il est nécessaire que je la connaisse dans tous ses détails. Recommencez donc votre histoire, que je trouve trop courte.

— Eh bien! hier soir, reprit Théodore, j'ai été au bal.

— Au bal masqué?

— Oui.

— A quel bal?

— A l'Opéra.

Francis regarda Théodore. — Hier soir, lui dit-il, je vous ai quitté à dix heures et demie, et je vous ai laissé disposé à lire un roman qui vous intéressait beaucoup; vous avez bien vite changé d'idée! Voyons, Landry, dites-moi la vérité. Vous êtes allé au bal masqué avec votre voisine, qui vous a demandé de l'accompagner, ce que moi je lui avais refusé.

Théodore comprit qu'il était inutile de faire à Bernier un secret d'une chose qu'il devait trop facilement deviner; il répondit affirmativement.

— Je vous ai prévenu des étrangetés de Camille, reprit Francis, et n'ai point, d'ailleurs, à m'occuper des intentions que vous pouvez avoir à son égard, surtout maintenant qu'elle est détachée de la personne avec laquelle elle vivait; ce qu'il m'importe de connaître, c'est le rôle que votre voisine a joué dans cette querelle et quel en a été le caractère. Voyons, rappelez-vous les faits.

— Le rôle de ma voisine est absolument neutre, répondit Théodore; elle ignore même ce qui s'est passé entre moi et ce monsieur d'Héricy, que je ne connaissais pas, et qui, sans doute, ne m'avait jamais vu. Notre querelle a été le fait d'un hasard fâcheux, le choc involontaire d'une mauvaise humeur réciproque.

— Mais, continua Bernier, cette mauvaise humeur devait avoir une cause : voilà ce que vous ne précisez pas et qu'il faut expliquer. Si futiles que soient vos griefs communs, ils doivent exister.

Pressé par les instances de son ami, Théodore lui raconta une partie de la scène de l'Opéra, celle qui s'était passée sur l'escalier. Il supprima dans les détails tous ceux qui étaient de nature à faire supposer la part indirecte que Camille pouvait avoir dans cette querelle.

Francis parut rassuré. — Si les choses se sont passées comme vous me les racontez, dit-il à Théodore, tout peut s'arranger à l'amiable. Si pressé que vous fussiez de rejoindre Camille, vous auriez pu adresser un mot d'excuse à M. d'Héricy quand vous avez manqué de le renverser dans votre course; on peut être brusque et poli à la fois. Votre tort, c'est de n'avoir été que brusque; celui de M. d'Héricy, c'est d'avoir manqué de mesure dans l'expression de sa contrariété. Il ne s'agit que de retirer à l'un et l'autre des paroles échappées à un emportement sans cause, et si on m'envoie des témoins conciliants, tout en ménageant votre dignité et celle de votre adversaire, j'espère que nous tomberons d'accord pour que cette affaire n'aille pas plus loin.

— Pas plus loin! fit Théodore; elle ira au moins jusqu'à Vincennes.

— Quel Cid vous êtes! interrompit Francis en riant. Mais si la partie adverse accepte les torts et vous fait des excuses?

— Bien que je ne connaisse pas mon adversaire, répondit Théodore, je ne lui fais pas l'injure de supposer qu'il fasse collection de soufflets.

— Ah! fit Bernier redevenu très-grave.

— Je ne vous l'avais donc pas dit?

— Non, répondit Francis, qui se promenait dans son atelier; vous aviez seulement oublié ce petit détail. Au reste, il simplifie beaucoup la situation. Quel qu'ait pu être le prologue de votre querelle, que vous ayez tort ou raison, le dénoûment qu'elle a eu vous met entièrement à la merci de votre adversaire. Vous savez cela?

— C'est élémentaire, dit Théodore.

— Le rôle de vos témoins est donc dégagé de tout travail diplomatique. Ils n'auront qu'à accepter ce qu'on viendra leur proposer.

— Ils accepteront.

— Avez-vous quelques éléments d'escrime? demanda Bernier.

— J'ai ferraillé autrefois à l'atelier.

— Mauvaise école, dit Francis. Tirez-vous le pistolet, au moins?

— Je ne sais pas.

— Voyons.

Et Bernier, prenant un petit pistolet de salon, le mit aux mains de Théodore, qu'il plaça devant une plaque de tôle scellée sur un pan de muraille de son atelier. Théodore brûla cinq ou six amorces. Avant qu'il eût pu vérifier la précision de son tir, Francis avait effacé la trace de ses balles.

— Comment est-ce? demanda Théodore.

— Comme tout le monde, répondit Bernier dissimulant son inquiétude. Maintenant, une question, Landry : êtes-vous brave?

— Je n'étais pas à Austerlitz.

— J'aimerais mieux ne pas vous voir plaisanter. Vous aurez à passer un moment sérieux.

— Eh bien ! soyez tranquille, répliqua Théodore ; je serai aussi sérieux que le moment, et je ne fournirai pas aux autres l'occasion de plaisanter.

— Je n'en doute pas, lui dit Francis en lui serrant la main. Votre aventure est déplorable; ce qui importe maintenant, c'est qu'elle se dénoue promptement.

— Aujourd'hui même, si c'est possible.

— Nous tâcherons, car votre adversaire n'aura, je pense, aucune raison pour faire naître des lenteurs. Le marquis de Rions, que j'attends, ne peut tarder à venir. Restez ici, je suis avec lui dans des termes assez intimes pour lui présenter un ami et pour le prier de vous assister. Si bien apparenté que puisse être votre adversaire, je doute qu'il se présente sur le terrain mieux accompagné que vous ne le serez, ayant M. de Rions pour second.

Comme Francis achevait, le marquis entra. C'était un jeune homme de vingt-trois ans, qui avait préféré l'existence active et périlleuse des camps à l'oisiveté corruptrice de la vie parisienne. Les mœurs de la tente n'avaient point altéré en lui la distinction de la race, et ajoutaient à sa personne une sorte d'élégance virile indiquant l'homme d'épée et non le traîneur de sabre. En le voyant, on devinait le gentilhomme qui s'était fait soldat, et un soldat qui était resté gentilhomme.

Francis lui présenta Théodore, et lui expliqua en quelques mots l'affaire dans laquelle celui-ci se trouvait engagé. M. de Rions se mit avec la plus grande courtoisie à la disposition de Théodore. — Je suis à vous pour toute cette journée; et même pour celle de demain, au cas où votre affaire ne pourrait pas se terminer aujourd'hui, dit le marquis au jeune artiste, qui sut naturellement, par cette intuition secrète commune aux gens intelligents, dépouiller ses manières et son langage de tout ce qu'ils auraient pu avoir d'anormal dans la situation. — Alors, interrompit Francis en s'adressant à Théodore, vous allez retourner chez vous pour y attendre les témoins de M. d'Héricy, qui viendront sans doute dans la matinée, et vous nous les enverrez. Si ces messieurs ne perdent pas de temps, et mettent une bonne volonté que nous provoquerons au besoin, tous les arrangements pourront être pris dans une courte séance, et vous pourrez vous battre au milieu de la journée. M. de Rions et moi nous irons vous prendre.

— Mais, interrompit Théodore, pour éviter tant de courses, ne pourrais-je revenir ici en même temps que les témoins de M. d'Héricy?

— On voit bien que vous êtes un débutant, dit Francis en riant, et que vous ignorez les traditions. Sachez donc, mon cher, qu'aucune partie intéressée ne doit se trouver, en pareil cas, dans le lieu où ses intérêts se discutent. Restez chez vous, encore une fois, nous irons vous chercher en voiture. Ce sont les duels qui ont fait inventer les fiacres. Et maintenant que nous sommes seuls, avouez entre nous que vous aimeriez autant n'avoir pas été à l'Opéra hier!

— Dame! répondit naïvement Théodore, ce qui m'arrive est si bête aussi.

— Et, si vous êtes franc, continua Bernier, ajoutez qu'en accompagnant Camille au bal, votre complaisance était un jalon planté pour l'avenir.

— Là-dessus, reprit Théodore, je ne puis véritablement pas vous répondre, en ce moment surtout, où j'ai dans l'esprit bien d'autres préoccupations. Adieu! c'est-à-dire au revoir!

Théodore rentra chez lui. A huit heures et demie, il reçut la visite des deux témoins de M. d'Héricy. Bien qu'ils parussent appartenir à une classe distinguée de la société, et qu'ils se fussent présentés avec la plus grande politesse, l'intérieur de l'artiste et le costume d'atelier dans lequel leur arrivée l'avait surpris semblèrent leur inspirer quelque défiance. L'un d'eux sortit même du caractère réservé que lui imposait son mandat, et, refusant la chaise offerte par Théodore, il lui dit assez sèchement : — Nous ne sommes pas venus ici, monsieur, pour entendre des explications, mais pour vous demander une réparation sérieuse, c'est-à-dire par les armes.

— Il ne s'agit pas d'explications, monsieur, répondit Théodore, mais je demeure au sixième, et vous auriez pu vous asseoir, je crois, sans compromettre la démarche qui me vaut l'honneur de vous recevoir. La seule excuse que je puisse vous adresser, c'est de vous avoir fait monter si haut. Quant à la réparation que vous venez me demander, mes témoins vous affirmeront comme moi que c'est la seule qu'il me soit permis de vous offrir. Avant comme après votre visite, j'avais déjà l'avantage d'être d'accord avec vous sur ce point, acheva Théodore en saluant les deux témoins, qui lui rendirent son salut, et s'éloignèrent après avoir reçu les deux cartes de Francis Bernier et du marquis de Rions.

Resté seul, Théodore se mit nettement de cœur et d'esprit en face de sa situation. — Après tout, se disait-il, qu'est-ce qu'un duel? Un quart d'heure de danger précédé de quarts d'heure ennuyeux, parce qu'en menaçant la vie d'un homme, ils la rendent inquiète. Comme pour tâter le pouls à son courage, il se rappela les circonstances antérieures où il avait couru volontairement quelque péril. Un jour, étant en Normandie, chez son parrain, il s'était élancé armé seulement d'un bâton au-devant d'un chien qu'on disait enragé, et l'avait assommé au moment où il se jettait sur des enfants qui sortaient de l'école.—Eh bien! pensait Théodore en retrouvant ce fait dans sa mémoire, et en évoquant les impressions qui lui étaient restées, je savais que cette bête avait des dents dont la morsure était dangereuse. Pourtant je n'ai pas eu peur. Aussi je n'ai pas été mordu, et le maître d'école a été décoré.

En rassemblant ainsi dans son souvenir les actions où il avait fait preuve de quelque sang-froid, Théodore se rassura sur son attitude pendant ce combat, sans doute bien inégal, puisqu'il était presque étranger à l'une et à l'autre des armes qui seraient employées, et qu'il y avait des chances pour qu'elles fussent, au contraire, l'une et l'autre familières à sa partie adverse. Il s'habitua peu à peu à ne considérer son duel que comme un dérangement majeur qui suspendrait pour un jour ses occupations ordinaires. Cependant sa pensée ne pouvait s'isoler entièrement de la situation, il subissait l'influence fiévreuse qu'éprouve tout homme qui est sur le point d'aller risquer sa vie, surtout à un âge où la vie commence à peine, surtout s'il va la risquer sans but, sans intérêt, sans passion. — C'est trop bête tout de même, disait Théodore en regardant un vieux fleuret accroché au mur de son atelier : dire que je vais me trouver en face de cet objet pointu, parce que j'ai rencontré hier un monsieur qui ne se contentait pas d'avoir trop dîné, et qui voulait encore aller souper... Mon Dieu ! que c'est bête !

Il fut troublé dans ces réflexions par la visite du marchand de tableaux. Bernard venait lui demander des nouvelles de la négociation dont il l'avait chargé auprès de Francis Bernier. Théodore n'avait pas l'esprit aux détails d'intérêt, et oublia un peu le plan de conduite que son ami lui avait tracé dans le cabinet du Café-Anglais. Le marchand de tableaux, voulant, comme Bernier l'avait bien prévu, se ménager la petite influence de Théodore, laissa voir à celui-ci qu'il était disposé à faire quelque acquisition. Désignant à l'artiste, chez lequel il venait pour la première fois, une petite toile à peu près terminée, il lui en offrit un prix qui s'éloignait un peu de ses anciens chiffres, à la condition que le tableau lui serait livré le lendemain même. Il voulait, disait-il, le joindre à un nouvel envoi en province qui ne pouvait être retardé davantage.

— Je ne peux m'engager à rien pour demain, répondit Théodore.

— Non-seulement je vous paye mieux que d'habitude, mais encore je vous payerai d'avance, reprit Bernard, qui avait envie du tableau. En vous y mettant tout de suite, comme les journées commencent à être longues, vous pouvez très-bien avoir fini ce soir. Tenez, ajouta-t-il en déposant cent francs sur la table de Théodore, voilà quelque chose qui vous encouragera à travailler.

— Mon cher Bernard, vous tombez mal, lui dit Théodore. Vous me surprenez en m'offrant de l'argent d'avance, moi je vais bien vous surprendre en ne l'acceptant pas.

Le marchand fit un mouvement.

— Vous voyez comme vous êtes surpris, ajouta Théodore en riant. Cependant, si vous voulez revenir demain, nous pourrons peut-être nous arranger.

— Ah ! ah ! fit le marchand, vous abusez de ce que vous n'avez point besoin d'argent aujourd'hui, et vous voulez me faire revenir demain pour que je vous paye plus cher. Je connais cela. Je croyais pourtant vous offrir une bienvenue convenable en vous donnant un prix qui n'est pas dans mes habitudes. Entre nous, votre tableau n'est pas ce que vous avez fait de mieux.

— Je suis bien de votre avis, reprit Théodore ; mais alors pourquoi donc m'en donnez-vous un prix double du prix des autres ?

— Parce que j'ai le placement certain de celui-là, et que je n'étais pas sûr du placement des autres, répondit Bernard. Voyons, oui ou non, puis-je compter sur vous pour demain ?

— Non, répliqua Théodore, parce que moi-même je ne puis pas compter sur moi !

— Alors adieu, fit le marchand en prenant sa canne et son chapeau.

— Ne me dites pas adieu, dites-moi au revoir, j'aime mieux ça, dit Théodore.

— Non, c'est bien adieu, répliqua Bernard; je ne reviendrai plus. Pour la première fois que je monte chez vous, vous n'êtes pas assez gentil. Songez donc que vous demeurez au sixième, mon cher.

— Mais, dit Théodore, qui voulait en tout cas se réserver l'avenir, si je vous refuse, c'est que je ne peux pas faire autrement. Je me bats en duel tantôt; comprenez-vous ?

— Farceur! dit le marchand, qui avait ouvert la porte et qui sortit en riant.

Mais, arrivé au bas de l'escalier, il parut se raviser.
— Si ce que Landry m'a dit était vrai pourtant! pensa-t-il. C'est un garçon dont la peinture vaudra de l'argent plus tard. S'il était tué, elle en vaudrait tout de suite. — Bernard parut se consulter. — J'ai envie de remonter et de lui offrir deux cents francs. Oui, mais si on ne le tue pas, il prendra note du chiffre, et n'en voudra plus accepter d'autre à l'avenir. Non, un duel d'artiste a le danger de ne pas être assez dangereux. — A l'hôtel des ventes! dit-il à son cocher en montant dans la voiture qui l'attendait à la porte.

Un peu après la sortie du marchand, Théodore était descendu lui-même pour aller acheter du papier à lettre, car, avant d'aller sur le terrain, il voulait, en cas d'accident, écrire à son parrain. Comme il traversait la rue, il reconnut le jeune homme qu'il avait la veille vu monter en voiture avec sa voisine : il entrait dans la maison de celle-ci. — Pauvre fille ! dit Théodore, elle aussi va avoir son mauvais quart d'heure ; — car il savait par Camille qu'elle devait ce matin même recevoir les derniers adieux de son amant.

Rentré chez lui, après avoir écrit à son parrain pour le remercier de l'intérêt qu'il lui avait témoigné, Théodore eut l'idée d'écrire à Camille, en se donnant pour raison que cela lui ferait toujours passer un peu de temps. Il commença donc une lettre assez étrange, bouffonne dans la forme, mélancolique dans le fond, comme peut l'être toute lettre qui exprime la pensée de l'adieu : « J'aurais voulu, disait-il en terminant, que mon petit drapeau bleu pût vous rappeler quelquefois que vous aviez dans votre voisinage un petit coin hospitalier où votre tristesse et votre sourire eussent été les bien accueillis toujours. »

Comme il mettait l'adresse, il entendit frapper à sa porte. C'étaient Francis Bernier et le marquis de Rions, qui venaient le chercher.

— Vous vous battez à trois heures, dit Francis.

— Diable ! fit Théodore, il n'est que midi. Où est le rendez-vous?

LES VACANCES DE CAMILLE.

— Dans le bois d'Aulnay, répondit Francis. M. de Rions y connaît un charmant endroit...

— Qui m'a été très-favorable, dit le marquis, et qui vous le sera aussi, je l'espère.

— Le bois d'Aulnay! fit Théodore; cela se trouve très-bien : j'avais l'idée d'aller à la campagne, seulement je ne pensais pas y aller armé.

— Ah! reprit Bernier, comme votre adversaire en avait le droit, il a choisi l'épée.

— Un conseil, demanda Théodore. Comment dois-je m'habiller pour cette cérémonie?

— Il faut toujours s'habiller convenablement, surtout pour aller à un rendez-vous d'honneur. Le costume est presque une forme de politesse.

— C'est la nuit passée que nous aurions dû nous faire des politesses, murmura Théodore; et s'étant aperçu que le regard de Bernier s'était arrêté sur sa lettre adressée à Camille : — Dame! ajouta-t-il, je vais tantôt mettre le pied sur une planche pourrie, et à tout hasard, j'écris à ma voisine un mot d'adieu que je vous prierai de lui remettre, s'il y a lieu.

— Espérons que vous ferez votre commission vous-même, répondit Bernier, qui refusa de prendre connaissance de la lettre, bien que Théodore l'y eût invité.

Au moment où l'artiste, qui s'était habillé dans sa

chambre, rentrait dans son atelier et se mettait à la disposition de ses témoins, il entendit sur le bord de son petit balcon le gazouillement des oiseaux du voisinage qu'il avait coutume d'inviter chaque matin aux reliefs de son repas frugal; l'heure du déjeuner étant arrivée sans que le déjeuner fût arrivé avec l'heure, toute la petite bande parasite était en émoi sur le balcon, pépiant, sautant et frappant du bec aux vitres pour demander pâture.—Mes pensionnaires que j'oubliais! Ce n'est pas leur faute si je n'ai pas faim aujourd'hui, dit Théodore, qui venait d'ouvrir sa fenêtre et émiettait sur son balcon le petit pain que sa femme de ménage lui avait monté. Je vais leur en mettre pour demain; on ne sait pas ce qui peut arriver, continuat-il en partageant tout son pain par petits morceaux; puis, faisant un geste vers les toits où les oiseaux s'étaient réfugiés et le regardaient mettre leur couvert, il ajouta : Messieurs, vous êtes servis. —Dès que la fenêtre fut fermée, tous les convives ailés s'abattirent sur le balcon.

— Vous allez déjeuner avec nous, dit Francis à Théodore.

— Non, répondit-il, la préoccupation du dessert m'ôterait l'appétit; je ne suis pas un mousquetaire, moi. Seulement, si je dîne, je dînerai bien. Allons-nous-en.

Comme on était arrivé à la porte de la maison, où

attendait un fiacre, Théodore dit à ses témoins en leur désignant le numéro : — Si j'étais superstitieux, pourtant !

— Numéro treize, fit Bernier ; nous n'y avons point pris garde. Voulez-vous prendre une autre voiture? demanda-t-il en riant.

— Bath ! répondit Théodore ; je reconnais cet antique carrosse ; il m'a porté bonheur un soir ; c'était un vendredi, comme aujourd'hui, *dies Veneris*. en route !

XI

Si fatiguée qu'elle fût par une nuit passée en dehors de ses habitudes, Camille n'avait pu trouver le sommeil en rentrant du bal, et lorsque Léon vint la voir à midi, elle était assoupie depuis une couple d'heures à peine. Lorsqu'il était entré chez sa maîtresse, Léon avait éprouvé une singulière impression en apercevant le domino et le costume de *folie* qui n'avaient pas encore été reportés chez le costumier.— Où est madame? demanda-t-il à la camériste, un peu embarrassée en voyant qu'il ne quittait pas des yeux le divan sur lequel étaient posés les costumes.

— Madame dort, dit-elle.

— Vous êtes rentrées tard du bal? ajouta Léon, devinant à la fatigue empreinte sur le visage de la camériste qu'elle avait dû accompagner sa maîtresse.

— A cinq heures, monsieur. — Et, entraînée par les souvenirs de sa nuit de plaisir, elle ajouta : — Ah! nous nous sommes bien amusées!

— Déjà! murmura Léon pendant que la camériste allait prévenir Camille de son arrivée. C'est bien tôt! ajouta-t-il en se promenant à grands pas dans la chambre. Ah! c'est bien tôt! répétait-il avec un étonnement presque douloureux.

Camille sortit de sa chambre et vint à lui : — Qu'as-tu, Léon? lui dit-elle en lui tendant la main, tu es pâle.

Il lui montra le domino sans répondre et s'assit sur le divan, où elle vint prendre place auprès de lui : — Oui, dit Camille, j'ai eu tort d'aller au bal, et j'en ai été bien punie par l'ennui et le dégoût que j'en ai rapportés ; mais que veux-tu, lorsque tu m'as quittée hier soir et que je me suis trouvée toute seule ici, je n'ai pas eu le courage d'y rester. J'ai appris par hasard que c'était la mi-carême, et qu'il y avait bal masqué, c'est-à-dire de la foule, du bruit, un tumulte où je pourrais m'étourdir. J'ai demandé à Francis de m'accompagner, mais il n'a pas voulu.

— Et malgré cela vous y êtes allée toute seule... Et pendant toute la nuit vous êtes restée dans cette infecte cohue, exposée à toutes ses brutalités... et vous vous êtes amusée... Ah! Camille, Camille!

— Qui dit que je me suis amusée? demanda celle-ci fâchée et contente à la fois de l'accent un peu sévère avec lequel lui parlait Léon.

— Mais, répliqua le jeune homme avec vivacité, si vous aviez éprouvé de l'ennui et du dégoût, seriez-vous revenue aussi tard? Pardon, pardon! ajouta-t-il avec une certaine douceur froide, j'oubliais...

— Quoi! demanda Camille en lui prenant les mains; et, voyant qu'il faisait un mouvement pour les retirer, elle ajouta : Achève! que veux-tu dire? — Puis, comme subitement éclairée sur la pensée que cette réticence semblait ouvrir, elle murmura péniblement : Non, non, j'aime mieux que tu ne dises rien...

— Il faut dire ce qui est à dire, reprit Léon renouant sa pensée. J'oubliais que l'aveu d'hier au soir m'interdit désormais toute intervention dans vos actes, et qu'en obéissant à une nécessité qui m'oblige de séparer ma vie de la vôtre, j'ai perdu le droit du blâme et de la remontrance. Conservez-moi au moins celui du conseil, et puissent les souvenirs d'un autre temps s'attacher assez à mes avis pour que vous trouviez encore quelque douceur à les suivre dans l'avenir!

— Oh! fit Camille en secouant le bras du jeune homme avec une pétulance fiévreuse, ne plaide pas, parle. Sois doux et bon comme tu l'as été toujours... Ne me dis pas *vous*, cela me fait autant de mal de te l'entendre dire que cela m'en faisait cette nuit de m'entendre tutoyer par des gens que je ne connaissais pas... Oui, reprit-elle en s'animant, gronde-moi, tu as raison. J'ai mal fait d'aller au bal, c'est une mauvaise inspiration que j'ai eue; mais l'heure où elle m'est venue était bien mauvaise aussi, tu le sais. Gronde-moi, mais de ta bonne voix, et pas comme tout à l'heure; que les derniers mots de toi qui me resteront dans l'oreille soient de bonnes paroles. Ménage-moi, je souffre bien, tu t'en doutes, n'est-ce pas? J'ai dormi sur un oreiller d'épines. Tiens, ma tête, comme elle est brûlante ! touche un peu. — Et, prenant une des mains de Léon, elle l'appliqua sur son front; puis, voyant qu'il semblait s'alarmer, elle s'empressa d'ajouter : N'aie pas peur, je ne serai pas malade, et tu ne me quitteras pas comme tu m'as connue, avec un médecin au pied de mon lit. Il est bien loin, ce temps-là, bien loin derrière moi !

— Et, reportée par un brusque souvenir vers un épisode de cette maladie qui avait été l'origine de son amour, elle dit à Léon : — Que feras-tu des cheveux qu'on m'a coupés et que je t'ai donnés un jour? Est-ce que tu voudrais me les rendre?... Conserve-les. Et tes lettres, est-ce que tu as l'intention de me les redemander? Non, n'est-ce pas? Puisqu'il faut... puisqu'il faut nous quitter, répéta-t-elle comme si ce mot avait de la peine à sortir de sa bouche, laisse-moi de toi tout ce que tu pourras me laisser ; qu'il me reste au moins les preuves que j'ai été heureuse aussi en mon temps, et que ces quatre années-là n'ont pas été un rêve. Te rappelles-tu qu'il y a trois mois, le soir où tu es venu m'annoncer ton départ pour la campagne, nous avons parlé de ce qui arrive aujourd'hui ?

Le souvenir de cette conversation causa à Léon une sorte d'embarras ; mais Camille vint elle-même l'absoudre du silence qu'il avait gardé à cette époque. — Je te disais, je crois, reprit-elle, qu'il n'y avait que ton mariage qui pût nous séparer, et je te demandais à en être prévenue d'avance. Peut-être te doutais-tu déjà un peu de quelque chose : eh bien ! je ne t'en veux pas d'avoir oublié ce que je t'avais demandé ; j'y aurai toujours gagné quelques mois, et mon hiver aura été moins triste que si je l'avais passé au coin de mon feu avec la pensée de ton abandon. Voici le printemps qui approche, les jours seront moins courts et plus beaux ; je ne serai pas obligée de rester chez moi, j'irai courir à droite, à gauche. Peut-être que j'essayerai de travailler, — à quoi ? je n'en sais rien ; je suis bien paresseuse, d'ailleurs. Je n'étais guère bonne qu'à être heureuse, et c'est toi qui m'avais trouvé mon état. Il faudra pourtant bien en imaginer un autre pour l'avenir.

— Mon amie, dit Léon en la faisant asseoir auprès de lui, c'est précisément de cet avenir que je voudrais causer avec toi. Si pénible que soit cet entretien, il est nécessaire de l'aborder aujourd'hui que nous allons suivre chacun une route opposée. Comme tant d'autres, notre liaison n'a pas été une de ces associations passagères dont la rupture facile n'est qu'un déplacement d'habitudes. Nous obéissons à une nécessité prévue; mais aucune volonté, même la nôtre, ne pourrait supprimer un passé qui aura été la meilleure époque de notre existence. C'est en souvenir de cette affection, c'est au nom de ce passé que j'ai le droit de m'intéresser à ton avenir et de connaître tes projets. Que vas-tu faire, mon enfant? Beaucoup souffrir d'abord, et souffrir moins ensuite. — Camille voulut l'interrompre; mais Léon fit un geste et continua : — Laisse faire le temps, lui dit-il avec un accent convaincu qui pouvait révéler que lui-même avait pu expérimenter déjà l'efficacité du remède. Tu souffriras donc, et tu chercheras hors de ton isolement des distractions, et où les chercheras-tu? Égoïste et jaloux, j'ai pendant quatre ans renfermé mon bonheur dans une intimité ouverte seulement à quelques affections qui ajoutaient un charme de plus à la nôtre sans en troubler la tranquillité. Pendant ces quatre années, tu as ignoré la vie et ses nécessités, le monde et ses habitudes. Tant que j'aurais vécu avec toi, je t'aurais maintenue dans cette ignorance : il est toujours périlleux d'éveiller dans une femme les instincts de curiosité. Tu vas donc rester seule avec une dangereuse inexpérience. Comme un voyageur en pays nouveau, tu demanderas ton chemin, et il ne manquera pas de gens qui essayeront de t'égarer ; mais moi qui sais ce que tu ignores, je puis du moins par le conseil te mettre en garde contre les dangers de ta situation nouvelle. Je te connais assez pour savoir que tu n'auras jamais l'initiative de ce qui est mal ; mais tu es facile à l'entraînement, docile au caprice du moment, et tu t'y abandonnes sans calculer le résultat qu'il peut avoir. Ton ennemi le plus à craindre, c'est l'ennui. Au lieu de le combattre, tu essayes de lui échapper par la première issue, sans prévoir où elle peut conduire. Ce qui m'inquiète surtout, c'est ton étourderie. Tu pourrais porter une girouette dans ton écusson, dit Léon, jetant volontairement cette plaisanterie au milieu de ses paroles, comme s'il eût voulu rappeler à celle qui les écoutait les entretiens familiers d'un autre temps. Les occasions de nouer des relations nouvelles seront fréquentes ; tu les rechercheras pour échapper à la solitude, et, à ton insu, tu te trouveras entraînée dans un monde dont je t'ai soigneusement écartée, sachant qu'il est des fréquentations contagieuses et des exemples pernicieux qui finissent toujours par avoir raison des répugnances les plus sincères.

Il y eut quelques instants de silence, au bout desquels Léon reprit avec une sorte d'hésitation pénible :

— Tu es jeune, Camille. J'ai eu, j'en suis certain, la meilleure part de ton cœur; mais le souvenir que j'y laisserai, même en se perpétuant, ne suffira pas toujours à le remplir.

— Ah! fit Camille en lui mettant la main sur la bouche, parlons de tout ce que tu voudras, mais pas de cela.

Il l'écarta doucement et continua : — La question est délicate et douloureuse, je le sais; mais il y faut toucher cependant et la prévoir dans l'intérêt de ton avenir, qui reste mon plus cher souci. Il existe dans ta nature un besoin d'affection qui ne pourra être contenu et cherchera toujours à s'épancher. Eh bien! si étrange que cela puisse te paraître, je m'en voudrais de savoir que toute cette tendresse a été dépensée avec moi, et que la source en a été tarie parce que tu m'as connu : c'est le triste dénoûment des passions qui, ayant vécu dans la lutte, succombent à l'épuisement; mais, Dieu merci, notre amour ne fut pas du nombre. Tu pourras donc aimer encore après moi, et tu aimeras, je le souhaite, car, une fois ton cœur occupé par un sentiment sérieux, ta vie s'immobilisera de nouveau dans une affection nouvelle, et tu n'auras pas à redouter les périlleuses distractions où peuvent entraîner la tristesse, l'ennui et l'isolement.

Camille acceptait le mariage de Léon comme une chose inévitable ; elle savait qu'il amenait entre eux une séparation des personnes, mais ne s'accoutumait pas à la pensée que cette rupture pouvait aller au delà. Elle s'attendait presque à entendre Léon lui imposer en la quittant un serment de fidélité, non-seulement à son souvenir, mais à lui-même. Elle se fût engagée avec joie, avec joie elle se fût soumise à toutes ses exigences, et surtout à celles qui eussent été les plus exagérées, car dans cette exagération elle aurait vu la preuve que l'amour de son amant restait avec elle. Aussi, malgré les précautions de langage qu'il venait d'employer, ne pouvait-elle voir dans ses paroles que l'idée qu'elles exprimaient. La raison, si ingénieuse qu'elle soit, aura toujours tort en face de la passion, qui éprouve et ne discute pas. Camille était blessée par des suppositions allant dans l'avenir au devant d'un fait qu'elle ne pouvait admettre sans revenir sur le passé. Les conseils de Léon lui semblaient être une brutale provocation à l'oubli ; elle ne les pouvait croire dictés par une sagesse prévoyante ayant le souci de son bonheur futur, elle y voyait plutôt l'indifférence d'un homme égoïste. Aussi fut-ce avec une amertume un peu ironique qu'elle lui répondit : — C'est là tout ce que tu trouves à me dire au moment de me quitter ? Car, si je t'ai bien compris, tu m'engages à mettre écriteau là, ajouta-t-elle en se frappant avec vivacité la poitrine à l'endroit du cœur: Allons ! fit-elle en se promenant dans sa chambre, s'asseyant et se levant, s'arrêtant et marchant, touchant à tous les objets qui se trouvaient sous sa main comme pour mettre au dehors, par ses attouchements, la fièvre qui était en elle. Allons, la succession est ouverte, ajouta-t-elle en se rapprochant de Léon ; ne vas-tu pas aussi me désigner les héritiers ?

Léon, connaissant le caractère de Camille, s'attendait bien à la sortie un peu vive qu'avaient provoquée ses paroles. Camille ne pouvait en effet commander à ses impressions, et les exprimait avec un étrange mouvement d'idées et une singulière variété d'images. Il avait l'habitude de la laisser dire, sachant bien que ces emportements seraient suivis d'un retour à un langage plus modéré. Les relations ordinairement les plus calmes sont quelquefois non pas troublées, mais accidentées par des discussions futiles, dont l'unique prétexte est un besoin vague de rompre l'uniformité d'un bonheur trop tranquille. Ces querelles sans causes, qui ne sont pas des heures perdues pour l'amour, se produisaient assez souvent entre Léon et Camille. Celle-ci avait le défaut de ne pas supporter la contradiction et l'habitude d'y être elle-même fort encline. Dans ces circonstances, Léon ne craignait pas d'exciter un peu Camille, dont l'humeur vive commençait au moindre choc à fermenter comme une liqueur qu'on remue. Une seule fois entre eux la discussion était sortie des limites réservées où un commun accord la renfermait de coutume. L'origine de la querelle était des plus futiles. Camille avait vu dans une boutique des petits animaux sculptés destinés à servir de porte-allumettes, et avait prié Léon de lui en acheter un pour mettre sur sa cheminée. Elle avait paru préférer un chien. Léon le lendemain lui en apporta un. L'animal figurait un vendangeur, et portait sur le dos une petite hotte. En appuyant sur le socle, on faisait mouvoir un soufflet extérieur dont le bruit simulait un aboiement. En remerciant Léon, Camille lui avait fait remarquer cependant que c'était un singe et non un caniche qu'elle lui avait demandé. Léon avait reproché assez vivement à la jeune femme son défaut de mémoire, et de riposte en riposte ils étaient arrivés tous deux à cette période inquiétante d'une querelle où personne ne veut avoir tort, et où, ne trouvant pas dans le grief qui en est l'origine matière suffisante pour la prolonger, chacun à son tour introduit des griefs imaginaires. Léon avait quitté la place au moment où il sentait la colère venir. Camille, lorsqu'elle s'était trouvée toute seule, s'en était prise à l'objet animé qui avait été le point de départ du débat, et dans sa fureur mutine elle avait lancé le chien à terre, si violemment que la tête était restée séparée du col. Lorsque Léon, qui ne voulait pas la quitter sur une mauvaise impression, était remonté chez elle cinq minutes après, il l'avait trouvée assise tristement au coin de sa cheminée, essayant de raccommoder le chien, qu'il lui retira d'entre les mains, tout mouillé de larmes. On s'était réconcilié bien vite, et, à partir de ce jour, ils avaient pris un singulier engagement, qui était scrupuleusement tenu. Le chien, qui avait été raccommodé, et qu'on avait baptisé Fidèle, devait, en souvenir de la première querelle sérieuse dont il avait été l'objet, avoir la présidence de toutes les querelles futures qui pourraient s'élever entre les deux amants ; ceux-ci avaient juré d'interrompre toute discussion commencée, quel qu'en fût le motif, et de s'embrasser aussitôt que l'un d'eux, appuyant sur le socle qui supportait Fidèle, lui ferait aboyer un *quos ego* pacificateur. Grâce à cet ingénieux moyen, les querelles ne pouvaient jamais avoir une longue durée ni une portée sérieuse, car au premier mot un peu vif la réplique était coupée par un aboiement de Fidèle.

Un jour qu'ils avaient été à la campagne, et que Camille était sous une impression de contrariété causée par un accident de voyage, elle avait commencé une petite discussion qui n'eut pas le temps de se prolonger, car elle fut interrompue par le roquet d'une bonne femme, qui passait dans le bois. En voyant l'animal s'arrêter devant elle en jappant, Camille s'était aussitôt jetée en riant dans les bras de Léon, au grand scandale de la bonne femme, qui ne voyait pas que le bois était vert, que Camille était belle et que Léon était jeune. — C'est égal, avait dit celui-ci, quand nous viendrons à la campagne une autre fois, par prudence, nous emmènerons Fidèle.

Dans les circonstances bien différentes où, sous l'impression de paroles mal comprises, éclatait l'irritation de Camille, Léon eut l'idée de la ramener vers un ordre d'idées plus calmes en employant le moyen ordinaire. Il s'approcha de la cheminée sans qu'elle y prit garde, appuya la main sur le soufflet du chien, et Fidèle fit entendre son aboiement. Camille se promenait alors avec agitation. Le reproche abondait à ses lèvres, confus, violent, injuste. Elle s'arrêta aussitôt, oubliant la gravité de la situation, et ne se rappelant plus que les souvenirs et les habitudes du passé qui se rattachaient à ce bruit familier, elle obéit à la voix du chien, et voyant Léon debout devant elle qui lui tendait les bras, elle s'y jeta en pleurant. — Ah ! fit-elle cependant; ce n'est pas une querelle cela, mon ami, et ce bon Fidèle, qui a été muet si longtemps, n'aboiera plus; je t'en prie, ajouta-t-elle, ne reviens plus sur le sujet que tu avais abordé tout à l'heure : c'est trop triste pour moi, trop triste pour nous deux, reprit-elle ensuite; ne regardons pas dans l'avenir. Toi, fit Camille en se reprenant, tu le peux du moins, car, en me quittant, tu sais où tu vas; mais moi, l'avenir m'inquiète, parce que c'est l'inconnu.

Ici Léon croyait avoir à redoubler de précautions, car il avait à faire à Camille une de ces propositions qui pouvaient encore faire une méprise. — Écoute-moi, Camille, écoute-moi bien, lui dit-il, nos pensées ont été communes toujours. Toi-même tu avoues que l'inconnu t'inquiète. J'ai donc le droit de partager cette inquiétude, et j'ai dû, tu le penses bien, me préoccuper de les amoindrir, — dans une certaine mesure et pour un certain temps, ajouta-t-il, comme un homme qui, ayant à dire quelque chose de difficile à faire écouter, lance en avant-garde les paroles insignifiantes qui doivent préparer le mot décisif. Tout le temps que tu as vécu avec moi, tu n'as eu d'autre état que d'être heureuse; toi-même, tu me l'as dit tout à l'heure, tu es restée étrangère à toute préoccupation qui n'était pas ton bonheur et qui ne s'y attachait pas. Ce n'est pas un reproche, mon enfant, entends-moi bien, et si c'en était un, je devrais en prendre la moitié, puisqu'en m'efforçant de rendre ta vie facile et de l'isoler dans un seul sentiment, je satisfaisais l'égoïsme de mon amour. Si modeste cependant qu'ait été cette existence, où le luxe, les plaisirs et toutes les habitudes coûteuses étaient inconnus, tu ne pourras pas la continuer. Aimer, c'est vivre, mais ce n'est pas la vie. La vie a ses nécessités vulgaires, mais impérieuses. Tu n'avais pas besoin d'y songer, et j'y ai songé pour toi autrefois. Ne veux-tu pas me permettre d'y songer encore? acheva-t-il en lui tendant la main.

Elle lui tendit la sienne. — Je te comprends, dit-elle, l'argent!...

— Non, pas d'argent, reprit Léon, mais l'air, le feu, le pain, le toit, les premiers éléments de l'existence pour tous les êtres, le bien le plus précieux pour une femme, l'indépendance. Songe à cela, Camille, et si tu n'y voulais pas penser aujourd'hui, il faudrait bien y penser demain. Tu n'as aucune profession, aucun talent qui puissent te fournir des ressources suffisantes.

— Quand je t'ai connu, je vivais, interrompit doucement Camille.

— Quand tu m'as connu, répondit-il, tu avais l'habitude du travail, et je te l'ai fait perdre.

— S'il le faut cependant... interrompit Camille.

— Il ne le faut pas absolument, reprit Léon, car moi vivant je ne veux pas que tu saches ce que c'est que la misère, et par quel chemin s'en éloigne une femme quand elle l'a connue. Je veux que tu restes en tout temps libre et maîtresse de toi-même, sous la seule dépendance de tes goûts et de tes sympathies. J'ai donc pris des dispositions qui t'assurent une certitude d'existence. Je ne t'impose rien, Camille, et ne te fais pas de conditions. J'ajoute seulement un conseil : efforce-toi de t'attacher à une occupation. Si elle est productive, elle pourra ajouter à tes ressources. Si même elle ne devait pas l'être dans les commencements, elle suffirait pour te fournir des distractions utiles et t'éloigner de celles qui ne le sont pas.

— Mais que pourrais-je faire ? demanda Camille.

— Consulte tes goûts et choisis le travail qui pourra le mieux te convenir. Le retour quotidien d'un labeur quelconque est une préoccupation saine pour l'esprit. Si je t'engage à cesser d'être oisive, c'est que je sais quels sont pour une femme les dangers de l'oisiveté, et que je voudrais que la Camille de l'avenir pût se

12.

reconnaître en regardant la Camille du passé. Pour dernier conseil, acheva Léon, évite la société des femmes.

Une réaction s'était opérée dans l'esprit de Camille, qui était devenue peu à peu accessible au raisonnement. Elle demanda à Léon de lui tracer le plan de sa conduite.—En faisant ce que tu me diras de faire, disait-elle, je serai encore avec toi. Tes conseils resteront dans ma vie comme une empreinte visible de toi-même, et il me semblera que je marche dans tes pas.

Elle voulait qu'il lui fît un programme qui réglât l'emploi de ses jours et de ses heures. Comme le feu, qui s'empare de tout élément nouveau qu'on jette, son esprit s'emparait avec rapidité de toute idée nouvelle. Cette rupture était une douleur sans doute, mais aussi c'était un changement. Elle entrait déjà, pour ainsi dire, en imagination dans cette nouvelle existence qui devait amener beaucoup de réformes dans sa manière de vivre ordinaire, car la petite rente que Léon voulait lui constituer en la quittant, et qu'elle devait recevoir par quartiers chez un notaire, restait bien au-dessous du chiffre de ses dépenses annuelles. Camille demeura très-étonnée en apprenant que son budget avait toujours atteint quatre mille francs. Cependant elle ne possédait aucun objet de valeur. Son écrin se composait d'une paire de boucles d'oreilles et d'un bracelet qui était un objet d'art bien plus qu'un bijou. Léon lui ayant donné une montre, elle l'avait perdue, dans la crainte de la casser, lui avait-elle dit pour excuse. Elle avait plutôt des instincts d'élégance que des instincts de coquetterie, et s'habillait avec une grande simplicité ; mais si elle n'avait ni le goût du luxe, ni celui des plaisirs, elle possédait le génie du désordre et un penchant très-vif à satisfaire les mille petites fantaisies qui dans une promenade peuvent exciter la convoitise d'une femme. Aussi ses armoires étaient-elles encombrées d'une multitude d'objets dont la seule utilité avait été d'exciter un instant son désir. Léon s'était toujours montré indulgent pour ses instincts de prodigalité, mais en ce moment il prouva à Camille qu'elle pourrait, en les restreignant dans une limite plus raisonnable, réaliser de grandes économies. Elle lui fit à ce propos toute sorte de promesses. Elle voulait quitter son logement, vendre une partie de ses meubles, et renvoyer sa camériste. — Qu'est-ce qu'il me faut ? disait-elle. Une petite chambre, dont le mur sera assez grand pour que je puisse y suspendre ton portrait, avec une petite fenêtre où je mettrai des fleurs. Je renoncerai à la toilette. Je porterai de l'indienne l'été et du mérinos l'hiver. Tu verras quand tu viendras chez moi comme cela sera gentil.

Camille s'aperçut que Léon avait détourné la tête comme un homme qui ne veut pas répondre. Elle reprit aussitôt : — Je veux dire que si par hasard tu passais dans mon quartier, et qu'il te prît la fantaisie de voir comment j'ai arrangé ma vie, tu ne serais pas trop mécontent.

Dans l'arrangement de cette vie, Léon avait remarqué qu'il n'était pas question de travail; il en fit l'observation à Camille. — Mais que feras-tu chez toi toute seule? lui demanda-t-il. Tu t'ennuieras.

— Je me mettrai à la fenêtre, et je regarderai les passants ou les voisins, répondit-elle avec une franchise qui amena un sourire sur les lèvres de son amant. Sans doute elle en comprit le sens, car elle ajouta, sur le ton de la prière : — Je t'en prie, ne reviens plus à cette supposition de tout à l'heure.

Ils furent interrompus par la cameriste, qui entrait pour chercher les costumes qu'on venait reprendre du magasin. Elle venait de sortir lorsqu'elle rentra presque aussitôt, rapportant le domino.

— Madame, dit-elle à Camille, le costumier se plaint que le domino est déchiré, et ne veut pas le reprendre à moins qu'on ne lui donne dix francs en plus du prix de la location.

Camille examina le dégât. En voyant un accroc très-large dans l'étoffe, déjà un peu mûre, elle dit

tout haut, comme si elle se parlait à elle-même : —
C'est probablement ce monsieur brutal que j'ai rencontré cette nuit au bal qui m'aura déchirée.

— Marie, dit Léon, lui prenant le domino des
mains et le jetant sur les bras de la servante, rendez
ce costume et donnez ce qu'on demande. — Que
veux-tu dire? demanda-t-il ensuite avec vivacité à
Camille, qui commençait à se repentir de l'aveu,
quel monsieur? que t'est-il arrivé ?

— Mais rien, rien, fit Camille. Un monsieur,
qui était très-gai, a voulu m'emmener souper; je me
suis un peu débattue, et il m'a déchirée, voilà tout.
Heureusement mon voisin est venu et m'en a délivrée, ajouta Camille naturellement.

— Tu n'étais donc pas seule avec Marie à l'Opéra ?
demanda Léon avec vivacité.

— Je suis bien étourdie, répliqua-t-elle, mais pas
encore assez pour m'aventurer toute seule dans un
lieu pareil. Francis Bernier n'ayant pas voulu m'accompagner, j'ai pensé que son ami, M. Théodore,
serait plus complaisant; c'est lui qui a été mon cavalier cette nuit.

Cette révélation parut singulièrement émouvoir
Léon. Il reprocha à Camille son étourderie et ce penchant à la légèreté qui pouvait la compromettre si
facilement aux yeux des gens qui ne la connaissaient

pas. Il se calma cependant un peu en apprenant que les relations de Camille avec son voisin n'avaient que deux jours de date, et qu'elles étaient le résultat d'une circonstance à laquelle elle était restée étrangère, puisque Bernier avait été le seul auteur de cette rencontre. Camille, voyant l'impression fâcheuse que ses aveux venaient de causer à Léon, ne crut pas nécessaire de lui avouer qu'elle avait promis à son voisin d'aller le voir. Les reproches de Léon lui avaient d'ailleurs donné à penser. Elle commençait à reconnaître qu'elle avait agi avec Théodore un peu trop familièrement, et que cette familiarité pouvait amener une méprise. Elle renonça intérieurement à continuer toute relation avec lui, et comme Léon faisait quelques allusions aux conséquences qui pourraient, par la suite, résulter de ce voisinage, elle se hâta de lui dire qu'elle allait déménager sans même attendre l'époque du terme, afin d'éviter tout rapprochement nouveau entre elle et son voisin. — C'est dommage, dit-elle, car il est bien amusant.

— Avoue qu'il t'a déjà fait sa cour! demanda Léon.

— Aucunement, répondit celle-ci; il a eu des manières très-discrètes avec moi, et la profession de foi qu'il a faite en ma présence à propos des femmes n'indique pas qu'il ait eu l'intention que tu lui supposes.

Il n'en fut pas dit plus long à propos de ce petit incident, qui laissa néanmoins quelque préoccupation dans l'esprit de Léon.

En lui annonçant la veille qu'il viendrait la voir, Léon avait laissé sa maîtresse ignorer si cette visite était la dernière qu'elle recevrait de lui, ou si elle avait seulement pour but de régler les intérêts de son avenir, qui avait jusque-là employé tout leur temps. Le jeune homme avait appris la veille, de son père, que leur séjour à Paris se prolongerait peut-être de trois ou quatre jours au delà du terme qui avait été fixé d'abord. Il promit à Camille de mettre à sa disposition le plus d'instants qu'il pourrait pendant ces quelques jours de délai que le hasard accordait à leur séparation. — Peut-être, lui avait-il dit, vaudrait-il mieux ne pas prolonger cette situation pénible; mais je ne me sens pas le courage de rester à Paris sans te donner jusqu'à ma dernière heure de liberté.

— Tu sais que tu m'as promis ta journée tout entière ! lui dit Camille.

— Je puis te donner jusqu'à ce soir huit heures, dit Léon. A cette heure, je devrai aller rejoindre mon père.

— Ne me dis pas où, interrompit Camille.

— Ce n'est pas où tu crois, répondit-il.

— Eh bien ! reprit Camille, il n'est que midi et demi, nous aurons le temps d'aller et de revenir.

— Aller où? demanda Léon.

— C'est aujourd'hui l'anniversaire de la première promenade que nous avons faite ensemble lorsque je me suis relevée de ma grande maladie il y a quatre ans, dit Camille. Il fait aujourd'hui un temps très-doux et très-beau comme ce jour-là. Je suis sûre que la campagne doit être verte. Tu dois te rappeler qu'il y a quatre ans, à cette époque, nous avons trouvé des violettes dans les bois. Celles que j'ai cueillies ce jour-là n'étaient pas de deuil comme le seront celles d'aujourd'hui, acheva Camille, un peu inquiétée en voyant que Léon ne s'empressait pas de lui répondre.

Celui-ci, en effet, n'avait pas accueilli sans quelque crainte l'idée de ce pèlerinage vers un lieu où tant de souvenirs allaient se lever sous ses pas comme pour souhaiter la bienvenue à son retour. Il redoutait surtout cette voix éloquente que prend la nature lorsqu'elle se mêle aux impressions de l'homme, et la mystérieuse influence qu'elle exerce sur ses sentiments. Déjà la veille au soir, en présence de la maîtresse, il avait senti dans son cœur pâlir un moment l'image de la fiancée, exposée, elle aussi à son tour, aux dangers de l'absence. Pendant les deux heures que Léon venait de passer auprès de Camille, quelques incidents de leur entretien avaient réveillé en lui des émotions dont la gravité du moment avait peut-être seule arrêté l'expression. Sans doute il était prudent, autant pour lui que pour Camille, de ne pas retourner, même pour quelques heures, dans cette atmosphère du passé, toute remplie d'enivrantes douceurs qui pourraient les affaiblir au moment même où ils auraient le plus besoin de force. L'adieu avait été à demi prononcé, et il restait peu de chose à faire pour le rendre définitif. Et pourtant Léon consentit à faire cette promenade périlleuse, qui, en le ramenant au bras de sa maîtresse dans les chemins parcourus avec elle au beau temps de leur amour, allait ajouter de nouveaux souvenirs aux souvenirs anciens, et rendre ainsi plus difficile la tâche de l'oubli. Si on lui avait demandé en ce moment pourquoi il consentait à revenir sur une situation qui avait presque eu son dénoûment, Léon n'aurait pas été sincère en répondant qu'il voulait seulement, avant de la quitter, satisfaire un dernier désir de sa maîtresse, car il obéissait à une contradiction dont l'égoïsme, deviné un jour par son père, avait été l'origine. Chose étrange! Léon, qui en arrivant à Paris avait tant souhaité de trouver Camille disposée à accueillir leur rupture avec résignation, qui avait usé de tant de précautions de langage pour l'amener à écouter avec calme tout ce qu'il avait à lui dire, éprouvait une sorte de déception pénible en voyant qu'il avait réussi à la rendre en apparence résignée et calme. Il trouvait qu'elle s'était laissé convaincre bien vite de la nécessité de leur rupture, et qu'elle l'avait suivi bien complaisamment dans les calculs et les suppositions où il s'était engagé à propos de son avenir. Il avait tout mis en usage pour arrêter les larmes, pour apaiser les regrets, pour tempérer les emportements, et lorsque, pour lui plaire et le retenir auprès d'elle, elle faisait violence à sa nature, il supposait une autre cause à cette retenue, et n'avait consenti à conduire Camille à la campagne que pour la replacer sous des influences qui ne pouvaient manquer de porter un nouveau choc à son cœur et d'ajouter une nouvelle amertume à ses défaillances.

— Habille-toi, dit-il à Camille ; nous irons à Aulnay, et nous nous arrêterons pour déjeuner dans cette petite auberge de Fontenay-aux-Roses qui est si gaie. — Camille alla s'habiller, et revint bientôt dans une toilette printanière qui était toute neuve, et qu'elle tenait en réserve depuis un mois pour solenniser le premier jour de soleil.

XII

A l'époque ou se passe ce récit, le bois d'Aulnay, perdu dans l'agglomération boisée qui s'étend entre Versailles et Sceaux, n'avait pas encore été atteint par cette lèpre de spéculation qui menace d'envahir tous les environs de Paris. On n'y voyait pas alors, comme aujourd'hui, des billards dans les châtaigniers, mais des châtaignes et des oiseaux, car, si voisin qu'il fût de la capitale, le pays d'Aulnay était presque ignoré de cette race de citadins qui a horreur de la nature, et ne s'acclimate dans un lieu rustique que lorsqu'il a cessé de l'être. Les gens qui fréquentaient les bois d'Aulnay avaient, pour la plupart, leurs raisons pour rechercher la solitude, n'eussent-ils eu que celle de l'aimer.

Théodore, accompagné de ses témoins et d'un médecin, que Francis Bernier était allé chercher par prudence, arrivait au village de Fontenay-aux-Roses au moment où Léon et Camille quittaient Paris pour s'y rendre. Afin de ne pas exciter la curiosité des habitants qu'on pourrait rencontrer, les témoins des deux adversaires s'étaient donné rendez-vous à l'étang du Plessis, situé au fond de la Vallée-aux-Loups. De là on devait se diriger vers l'endroit dont le marquis de Rions avait gardé un bon souvenir. Pendant le trajet, Théodore était resté, dans son langage et son attitude, le même qu'au départ. En assistant, sans vouloir y prendre part, au déjeuner de ses compagnons, il s'était mêlé à leur conversation avec une grande liberté d'esprit, qui ne trahissait cependant aucune forfanterie, mais une résolution dont la sincérité ne pouvait pas être suspectée. La seule chose qui pouvait indiquer que, sans faire dans ses propos aucune allusion au motif de sa promenade, il n'en avait pas oublié le but, c'est qu'il s'interrompait quelquefois pour demander l'heure à Bernier. Comme Théodore renouvelait cette question pour la troisième fois, Bernier, imaginant que l'immobilité pouvait lui être pénible dans un pareil moment, supposa que la marche deviendrait une distraction aux ennuis de l'attente. Il proposa de se mettre en route et d'aller tout doucement jusqu'au lieu où l'on devait se retrouver avec les personnes attendues, ce qui fut accepté. Le fiacre eut ordre d'aller stationner à un poteau de la route de Sceaux que le marquis de Rions, familier avec les localités, se rappelait devoir être voisin du lieu qui serait le théâtre du combat. Suivi de ses témoins et du médecin amené par ceux-ci, Théodore s'engagea donc dans une sorte de chemin creux appelé *la Route aux Bœufs*, qui s'enfonçait à travers bois par une pente ravineuse jusqu'à l'étang du Plessis. Tout en marchant, Bernier, qui accompagnait Théodore, s'appliquait à fournir à celui-ci des occasions d'éloigner de son esprit une préoccupation que son silence commençait à trahir. Il s'arrêtait devant les curiosités du paysage, lui indiquant les *motifs* qui se rencontraient dans le chemin, discutant le style des châtaigniers séculaires, dont les racines venaient ramper à fleur de sol jusque sous leurs pieds, pareilles à des entrelacements de serpents, établissant des comparaisons entre les maîtres dont quelques œuvres avaient dû être inspirées par la nature qu'on avait sous les yeux, et désignant par les noms des peintres mêmes les sites qui pouvaient rappeler leurs tableaux. Cependant cette inquiétude que Bernier s'efforçait d'éloigner de l'esprit de son compagnon commençait à troubler le sien au fur et à mesure qu'on avançait vers le lieu du rendez-vous. Théodore put s'apercevoir plus d'une fois que Francis faisait confusion dans ses citations et lui désignait, sous le nom d'un maître, tel accident de terrain ou tel arrangement de lignes qui rappelait le dessin ou la couleur d'une école opposée à la sienne. — Tenez, mon cher, dit Théodore en arrêtant Bernier, qui, troublé par le roulement lointain d'une voiture, venait de faire une erreur de ce genre, si vous m'en croyez, nous regarderons le paysage en revenant, et comme nous le verrons sans doute beaucoup mieux que nous ne le voyons dans ce moment, nos observations ne seront que plus justes, car il ne faut pas nous dissimuler que nous ne savons guère ce que nous disons l'un et l'autre.

Théodore se tut et son ami l'imita. On approchait cependant. A un détour de la route, on aperçut une voiture arrêtée, de laquelle descendirent trois hommes. — Voici, je crois, notre monde qui arrive, dit Théodore en allongeant le pas comme pour prendre les devants.

Bernier le retint. — Il suffit d'être exact, dit-il, c'est poli; mais ne montrons pas que nous sommes pressés, ce serait brutal.

— Que de manières! murmura Théodore en passant derrière ses témoins. Heureusement que tout cela va finir.

On arriva à l'étang du Plessis, comme M. d'Héricy et ses deux amis y arrivaient par une route opposée. Les témoins échangèrent un salut, et on s'engagea aussitôt à travers bois sous la conduite du marquis de Rions, qui cherchait à s'orienter en suivant des points de repère. A cette invasion d'une troupe d'hommes au milieu de leur solitude, tous les oiseaux étaient en émoi. La pie bavarde s'envolait d'un arbre à l'autre, échangeant dans son langage quelque injure avec le geai criard et vorace comme elle; troublé dans sa picorée par le bruit des pas, le merle prudent rasait de son vol agile le faîte des buissons, où l'aubépine commençait à fleurir. Et tandis que le pivert grimpeur, occupé à perforer le tronc des chênes, interrompait par une note claire le martellement régulier de son bec acéré, les petites mésanges sautillaient en fredonnant leur babillage sur les branches menues que leur poids léger inclinait à peine.

— Nous y voici, messieurs, dit le marquis de Rions en indiquant une sorte d'éclaircie naturelle formée au milieu des bois.

Au centre, on trouvait un sol dégarni de gazon, égal et dur sous le pied. C'était, comme l'indiquait la teinte noirâtre mélangée à la terre, l'emplacement d'une charbonnerie qui avait exploité les coupes voisines. Le terrain examiné les témoins de M. d'Héricy tombèrent d'accord qu'on n'en pouvait pas trouver de meilleur, et se rassemblèrent une dernière fois pour régler les conditions du combat et égaliser les avantages de place entre les adversaires qui s'étaient éloignés chacun de son côté. M. d'Héricy, en homme accoutumé à ces parties, attendait en fumant son cigare, et en repoussait méthodiquement la fumée. Il était pâle, cependant, et ses traits indiquaient une grande fatigue. Voyant qu'il quittait sa redingote et son chapeau, Théodore en fit autant de son côté. Comme il regardait autour de lui pour examiner le lieu où allait se dénouer son aventure, il entendit à quelques pas dans le voisinage le murmure d'une source voisine, indiquée par quelques plantes aquatiques, au-dessus desquelles bourdonnait, comme un brouillard sonore, un essaim d'insectes éphémères, nés du premier rayon de soleil. En écoutant ce bruit et en regardant le terrain du combat, dominé d'un côté par une élévation boisée, et limité de l'autre par une prairie qu'on devinait au loin derrière les hauts peupliers, Théodore fut frappé d'un rapprochement et chercha où il avait déjà vu ce paysage. Le mouvement qu'il fit en jetant ses habits sur le gazon compléta ce souvenir, et à mi-voix il chanta :

> Là-bas, dans les prés verts,
> Coule claire fontaine.

Il continua en prenant l'épée que Francis Bernier venait de lui apporter :

> J'ai mis mon habit bas,
> Mon sabre au bout d' mon bras.

— Merci, reprit-il en serrant la main que Bernier lui avait tendue après l'avoir armé, et il marcha résolûment au-devant de M. d'Héricy, qui s'avançait de son côté en faisant ployer son fer sur le sol aussi tranquillement que s'il eût été, masque au front et la main gantée, sur le parquet d'un prévôt. Le marquis de Rions, à qui les autres témoins semblaient d'un commun accord abandonner le soin de régler le combat et d'en arrêter les dernières dispositions, engagea les épées; puis s'étant reculé pour prendre place auprès de Francis, il fit un geste aux deux adversaires et leur dit doucement : Allez, messieurs. — En achevant ces mots, il retira son cigare et le jeta à ses pieds. Les deux amis de M. d'Héricy, qui avaient gardé les leurs, imitèrent le marquis, et montrèrent quelque embarras en remarquant qu'ils n'avaient pas eu cette l'initiative de convenance.

Trois heures sonnaient à la paroisse d'un village voisin. A la manière dont Théodore était tombé en garde, son adversaire comprit qu'il n'avait jamais dû mettre le pied dans une salle. M. d'Héricy ne s'était pas présenté sur le terrain avec la physionomie d'un homme animé d'un ressentiment allant jusqu'à la haine; il n'avait témoigné ni impatience, ni fiévreuse ardeur de vengeance, mais seulement le désir de se trouver une arme à la main en face d'un homme qui lui avait fait un de ces affronts qui brûlent le visage.

Avant le combat, il s'écoula quelques secondes indécises, pendant lesquelles les deux adversaires se regardèrent avec attention, comme s'ils eussent voulu, en pénétrant leur pensée dans les lignes du visage, deviner la nature de leurs sentiments réciproques. En se retrouvant en face l'un de l'autre, à la longueur d'une épée, avec une injure entre eux, ils échangèrent comme une sorte d'aveu muet, qui pouvait signifier que, malgré la gravité du moment, ils n'étaient que des adversaires et non pas des ennemis. Supposant qu'ils n'avaient peut-être pas entendu le signal, le marquis de Rions répéta de nouveau et plus haut que la première fois : — Allez, messieurs.

Le premier froissement du fer mit fin à toute hésitation. Le souvenir net et précis de ce qui s'était passé la veille revint à l'esprit de M. d'Héricy. Théodore serra la poignée de son arme dans sa main, et le duel s'engagea, non sans inspirer une grande inquiétude dès le début aux témoins de l'artiste, qui purent aussitôt se convaincre de la supériorité que son adversaire avait sur lui. Ils se rassurèrent cependant un peu, car, en observant le jeu de M. d'Héricy, il devint évident pour eux qu'il n'avait pas l'intention d'abuser de cette supériorité, et que, sans ménager trop visiblement Théodore, il provoquait une occasion prudente de le blesser sans qu'il y eût danger de mort. Il aurait sans doute pu diriger le combat, si l'artiste s'était seulement borné à parer; mais, impatient d'un dénoûment et s'animant au choc des épées, celui-ci obligea M. d'Héricy à se montrer moins modéré; et par quelques audacieuses imprudences, lui rappela certain proverbe qui prête aux maladroits une main malheureuse. Le duel entra dans une seconde période d'un caractère tout différent; et après un court et vif engagement, l'épée de M. d'Héricy atteignit Théodore assez profondément au-dessus du sein. M. de Rions et Bernier se précipitèrent vers l'artiste, qui avait fléchi sur le coup et lâchait son épée. En le voyant tomber, son adversaire s'était rapproché très-visiblement ému.

— Est-ce dangereux? demanda-t-il au médecin qui écartait la chemise de Théodore.

— La blessure est profonde, répondit le docteur, mais on pourra le transporter.

Après avoir échangé quelques mots avec les témoins du blessé, qui reconnurent la loyauté du combat, M. d'Héricy s'éloigna, accompagné de ses amis.

Pendant que M. de Rions courait vers la route où

devait attendre la voiture, pour la faire rapprocher le plus près possible, le médecin donnait les premiers soins à Théodore. Celui-ci semblait être étranger à la situation, et répétait machinalement en portant la main à sa blessure :

> J'ai mis mon habit bas,
> Mon sabre au bout d' mon bras.

Tout à coup une espèce d'animation parut sur son visage. Il allongea un doigt en indiquant le sommet de la colline, et son regard parut s'arrêter avec une sorte de fixité vers ce point, qui attira l'attention du docteur et de Francis. Ils aperçurent deux personnes, un homme et une femme, qui passaient dans une allée du bois, mais à une distance trop éloignée d'eux pour qu'il leur fût possible de les reconnaître. Francis ayant remarqué que la femme se baissait souvent, comme pour ramasser quelque chose dans l'herbe, dit au docteur : — Ce sont des amoureux ; ils n'ont pas plus envie d'être importuns qu'ils n'ont le désir d'être importunés... Est-ce vraiment grave, docteur ? ajouta-t-il en désignant le blessé.

— C'est bien près du poumon, répondit celui-ci en soulevant Théodore, qui venait de s'évanouir en murmurant encore :

> Et je me suis battu
> Comme un vaillant soldat.

M. de Rions, étant revenu, aida Bernier à transporter Théodore vers la voiture, dont le roulement prochain annonçait l'arrivée.

La clairière où cette scène venait de se passer était abandonnée depuis peu d'instants, lorsque Léon et Camille s'y dirigèrent en descendant par un sentier la colline boisée au sommet de laquelle on les avait aperçus quelques moments auparavant sans les reconnaitre. En arrivant à l'auberge de Fontenay, les deux jeunes gens s'y étaient trouvés sans le savoir en même temps que Théodore et ses témoins, qui déjeunaient dans la salle commune; mais en voyant Camille et Léon, leur hôtesse, flairant un couple amoureux, avait dressé leur couvert au fond d'un jardin dans un petit pavillon rustique. Les deux amants, ne s'y attardant guère, s'étaient échappés dans le bois aussitôt leur repas achevé. On se rappelle dans quelles intentions Léon s'était décidé à conduire sa maîtresse à la campagne, au risque de se mettre lui-même en contact avec les impressions qu'il voulait réveiller en elle. Lorsque Camille, un peu fatiguée, avait demandé à se reposer dans cette clairière, qui venait d'être le théâtre d'un duel, la promenade avait déjà duré assez longtemps pour qu'elle pût, ainsi que Léon, commencer à en éprouver les influences. Si pendant cette promenade Camille était allée la première au-devant des souvenirs qu'elle croyait voir errer à travers les arbres, Léon, quoi qu'il fit pour s'en défendre, ne tarda pas à se laisser entraîner avec elle, et céda bientôt aux invincibles attractions exercées par les fantômes du passé.

Au moment où il venait de prendre place à côté de Camille, assise à l'endroit même où Théodore était tombé, le cœur de Léon battait à l'unisson de celui de sa maîtresse, qui absorbait à pleins poumons l'odeur amère exhalée par la pousse des chênes. Camille, n'ayant pu réparer par le sommeil la fatigue qu'elle avait éprouvée au bal pendant la nuit, et lassée encore par une course qui depuis longtemps n'était plus dans ses habitudes, se sentit prise d'une sorte de langueur douce qui lui fermait les yeux malgré elle. Endolorie par une succession d'émotions vives, elle trouvait comme un charme bienfaisant dans ce demi-engourdissement de l'être, et le voulut prolonger. Appuyant sa tête fatiguée sur l'épaule de Léon, elle le pria de la laisser ainsi quelque temps, lui disant de la réveiller, si elle s'endormait. Camille avait retiré son chapeau pour être plus à l'aise, la petite brise qui soufflait dans ses cheveux en soulevait de temps en temps une boucle jusqu'au visage de Léon, penché vers elle avec une tendresse rêveuse. Ce parfum connu qui tant de fois l'avait enivré, lorsqu'il venait le matin surprendre Camille encore endormie, lui montait au cerveau en aromes irritants. Au milieu de cette nature qui préparait son rajeunissement et se parait de ses premières fleurs, Léon avait déjà été pénétré par cette atmosphère juvénile qui l'enveloppait tout entier. En regardant reposer dans ses bras cette femme tant aimée, dont le cœur battait si près du sien, il sentit dans ses artères le sang de la jeunesse se mouvoir plus actif, et pendant quelques minutes il regarda Camille à moitié assoupie, comme il n'avait jamais regardé cette fiancée, encore plus éloignée en ce moment de sa pensée qu'elle ne l'était de lui-même.

Léon fut distrait par un incident de nature à tempérer la vivacité de ses sensations. En voulant secouer deux ou trois fourmis qui s'étaient glissées dans sa manche, il trouva sous sa main, à côté de lui, un petit portefeuille *memento* qu'une machinale curiosité lui fit ouvrir. Le contenu devait lui causer une double surprise. Le portefeuille, tombé sans doute de la poche de Théodore au moment où celui-ci avait jeté ses habits à terre, contenait l'adresse de son adversaire et la lettre que Camille avait la veille écrite à l'artiste pour lui demander de l'accompagner à l'Opéra. Ce billet n'apprenait rien de nouveau à Léon, et était conçu, d'ailleurs, dans des termes qui n'accusaient aucune intimité entre celle qui l'écrivait et celui auquel il était adressé. La carte de M. d'Héricy, dans le portefeuille du voisin de sa maîtresse, était un fait moins étrange que la rencontre du portefeuille, et témoignait seulement que Théodore connaissait M. d'Héricy, qui était le cousin de la fiancée de Léon. Celui-ci l'avait vu tout récemment à la campagne, lorsque ce jeune homme y était venu pendant deux jours chasser avec son oncle. Le mouvement fait par Léon réveilla Camille; il lui montra sa trouvaille, et, lui désignant la lettre adressée à Théodore, il ajouta en riant :

— Tu vois comme tout se sait.

— Mais, répondit-elle, tu ne sais rien de plus que ce que je t'ai dit.

— Tu remettras ce portefeuille à ton voisin, qui aura sans doute eu comme nous l'idée de venir à la campagne, et qui l'a eue en même temps que nous, acheva Léon.

Camille refusa de prendre le portefeuille. — Tu le remettras à Bernier, lui dit-elle, il le rendra à son ami

Mais intérieurement elle n'était pas moins surprise du hasard qui avait amené Théodore à Aulnay en même temps qu'elle. Léon se réservant d'obtenir par son futur cousin quelque renseignement sur Théodore, ne parla point de la carte de M. d'Héricy, et comme le soleil commençait à s'incliner, il lui proposa de se remettre en route. Avant de partir, Camille voulut joindre au bouquet cueilli dans le bois un beau pied de jacinthe qu'elle aperçut à quelques pas d'elle. Comme elle le retirait du milieu d'une touffe d'herbe dans laquelle, à la fin du combat, M. d'Héricy avait essuyé son épée, elle s'aperçut que ses doigts étaient rougis légèrement.

— Tu t'es piquée ? dit Léon, attribuant la présence du sang à quelque épine.

— Mais non, répliqua Camille en essuyant ses doigts; c'était dans le gazon.

— Ce sang est peut-être celui de quelque bête dévorée par les oiseaux de proie, répliqua Léon, n'établissant aucun rapport d'idées entre cet incident nouveau et celui qui l'avait précédé.

Comme ils revenaient par l'omnibus qui fait le service de Fontenay à Paris, Léon s'aperçut que Camille, penchée à la portière pour jeter un sou à un pauvre, retirait vivement la tête. Il regarda sur la route, et sur le siége d'une voiture qui passait près de l'omnibus il reconnut son futur cousin, Ferdinand d'Héricy. Celui-ci, après son duel, avait été déjeuner avec ses témoins à l'auberge de Fontenay, et, comme le coupé était trop petit pour contenir trois personnes, il avait pris place sur le siége. En le voyant, Camille s'était rappelé l'homme qui l'avait abordée avec tant d'impertinence la nuit précédente, et, oubliant qu'il n'avait pu voir son visage, puisqu'elle était masquée, elle s'était retirée instinctivement pour qu'il ne pût pas la reconnaître. Comme Léon lui demandait la cause de ce mouvement, elle lui répondit : — C'est bien singulier ! mais ce monsieur qui était sur le siége de la voiture, c'est celui qui m'a déchiré mon domino cette nuit.

— C'est bien singulier en effet, répondit Léon préoccupé, et il y a bien des gens qui ont été à la campagne aujourd'hui !

Arrivés à la barrière, ils quittèrent l'omnibus pour prendre une voiture de place, et arrivèrent chez Camille à la tombée de la nuit. Pendant le trajet, ils avaient peu parlé ; une sorte d'inquiétude inavouée existait entre eux. Léon quitta Camille, qui, se trouvant très-fatiguée, manifesta l'intention de se coucher aussitôt. En l'embrassant, Léon lui promit de revenir le lendemain. Sorti de chez elle, il courut chez M. Ferdinand d'Héricy, dont il sut provoquer les confidences, sans que le jeune homme pût deviner quel était le motif de sa curiosité. Ferdinand lui raconta l'emploi de sa journée et quel en avait été le dénoûment pour Théodore, qu'il déclara ne pas connaître.

—Mais à quel propos cette querelle ? demanda Léon.

— Il paraît, répondit M. d'Héricy, que j'ai été un

peu léger cette nuit avec une dame à laquelle s'intéressait M. Théodore.

— Sa maîtresse sans doute, fit Léon, que sa situation en face de Ferdinand obligeait à se contenir.

— Il y a apparence, car, si protecteur qu'on soit des dames, on ne se fait pas aussi énergiquement le chevalier d'une étrangère. Au reste, je regrette bien tout cela, reprit M. d'Héricy avec conviction. Ce jeune homme n'a pas rompu d'une semelle, quoique ne sachant pas tenir une épée; et j'apprendrais avec plaisir que sa blessure n'aura pas de suites dangereuses.

Pendant que Léon était chez le cousin de sa fiancée, Francis Bernier arrivait chez sa maîtresse. — Mon enfant, lui avait-il dit, vous n'avez pas suivi mon conseil, hier soir; votre étourderie de l'Opéra a été la cause d'un grand malheur. — Et il lui raconta le duel de Théodore. En apprenant que le blessé était seul, Camille, dont la sensibilité avait été très-vivement excitée, alla sans arrière-pensée au-devant de la demande de Bernier, qui n'avait pas encore pu trouver de garde pour son ami, et lui demanda s'il était convenable qu'elle allât voir son voisin. — Il est toujours convenable d'obéir à un bon mouvement, répondit celui-ci.

Camille jeta à la hâte un châle sur ses épaules, et se disposa à accompagner Francis.

— Comme ce pauvre garçon doit m'en vouloir? dit-elle dans l'escalier.

— Il ne vous en veut pas assez, je le crains, répliqua Francis.

Camille ne chercha pas à comprendre, et ne comprit pas. Comme elle entrait dans l'atelier où l'on avait transporté le lit du blessé pour qu'il eût plus d'air, elle aperçut Théodore, qui avait le délire et murmurait :

> Que l'on mette mon cœur
> Dans un' serviette blanche;
> Qu'on l'envoie au pays,

Et, suivant d'un regard vague les mouvements de Camille approchée de son lit, il ajouta, en la regardant avec une fixité qui trahissait une pensée restée lucide dans la confusion de son esprit :

> Dans la maison d' ma mie,
> Disant : Voici le cœur
> De votre serviteur!

A dix heures, Léon revenait chez sa maîtresse, ramené par un étrange besoin de la voir. La camériste, qui s'était endormie, le fit attendre quelque temps avant de lui ouvrir.

— Madame est sortie, dit-elle, assez embarrassée pour justifier l'absence de sa maîtresse.

Le jeune homme parut hésiter un moment à prendre un parti. Il entra dans la chambre de Camille et déposa sur une table le portefeuille de Théodore ; puis, comme s'il étouffait dans l'atmosphère de cette chambre vide, il en ressortit avec précipitation. Il interrogea la cameriste ; mais celle-ci était absente quand sa maîtresse était sortie, et ne put lui donner de renseignements. Le pressentiment qui avait ramené Léon chez Camille lui disait, au moment où il ne la trouvait pas chez elle, qu'elle ne devait pas être bien loin de lui. D'un doute naissant qui était déjà entré dans son esprit, il voulut faire une certitude. Le numéro de la maison de Théodore lui était inconnu : mais il savait que le peintre habitait le voisinage, et sortit de chez sa maîtresse, résolu à l'attendre à la porte jusqu'à onze heures, et à monter chez l'artiste, s'il n'avait pas vu rentrer Camille. Il aurait pu l'attendre aussi bien chez elle, et Marie lui avait proposé d'allumer du feu ; mais Léon avait besoin d'air et d'agitation, il préféra l'attente anxieuse de la rue. Comme il fermait la porte de la maison, il se trouva en face d'un homme qui se disposait à y frapper, et reconnut un domestique de son père. — Vous, Joseph ! fit Léon très-surpris.

— C'est monsieur votre père qui m'envoie vous chercher, dit le domestique. Il a trouvé, en rentrant du cercle, une lettre de la campagne qui annonce une mauvaise nouvelle.

— Qu'y a-t-il ? demanda Léon avec inquiétude.

— J'ai cru comprendre, ajouta Joseph avec hésitation, que madame votre mère était malade... Monsieur paraît bien inquiet ; il m'a envoyé ici à tout hasard.

Léon entraîna le domestique vers la station voisine, monta dans une voiture, et jeta au cocher son adresse en lui ordonnant de brûler le pavé. — Non, monsieur, interrompit Joseph ; monsieur votre père m'a dit, si je vous rencontrais, de vous emmener directement au chemin de fer. Il y est déjà sans doute, car le train part à onze heures.

En arrivant à la gare, Léon trouva son père, qui se promenait sous le vestibule, en proie à une douloureuse inquiétude. — Il mit sous les yeux de Léon une lettre dans laquelle le jeune homme reconnut l'écriture de sa tante. Elle commençait ainsi : « Viens vite et amène mon neveu, ma sœur veut te voir et voir son fils. Le médecin a parlé du choléra. »

Comme la cloche du départ se faisait entendre, les deux voyageurs furent rejoints par le médecin de la famille, que M. d'Alpuis avait été chercher au milieu d'une soirée. A l'heure où son amant montait en wagon pour courir au chevet de sa mère, Camille quittait le chevet de Théodore, où elle était remplacée par une garde que Bernier était parvenu à découvrir dans le voisinage.

XIII

En arrivant auprès de sa mère, Léon l'avait trouvée dans un état moins désespéré qu'il ne l'avait craint d'abord. A cette époque, quelques points de la France venaient d'être envahis par le fléau qui, depuis un quart de siècle, semble vouloir s'y naturaliser; mais la maladie avait déjà perdu son caractère épidémique, et ses retours offensifs se produisaient en cas isolés, chaque jour plus rares et moins dangereux. Cependant, en reconnaissant dans le mal subit dont elle était atteinte quelques symptômes cholériques, les personnes qui entouraient madame d'Alpuis, et particulièrement sa sœur, s'étaient montrées trop promptes à l'épouvante, et l'avaient inquiétée par leur inquiétude même. Cette contagion de la peur, souvent plus périlleuse que le péril, avait vivement frappé l'imagination de madame d'Alpuis et donné à son indisposition une apparence alarmante ; mais le prompt retour de son mari et de son fils, qu'elle avait craint de ne plus revoir, la confiance témoignée par son médecin, les soins dont l'entouraient tous les êtres qui lui étaient chers, ne tardèrent pas à amener une réaction dont les bons effets se manifestèrent bientôt, et, peu de jours après son arrivée, le médecin amené par M. d'Alpuis déclara que sa présence au château n'était plus nécessaire.

A l'époque où Léon était parti pour Paris, Clémentine s'était alarmée instinctivement, car une sorte d'intuition lui faisait prévoir que Léon pourrait rencontrer sa maîtresse, et que celle-ci tenterait peut-être quelque effort pour le retenir auprès d'elle. Initiée déjà à tous les égoïsmes de la passion, le jour où une mauvaise nouvelle avait rappelé son fiancé auprès du lit de sa mère, la jeune fille n'avait pu s'empêcher de songer que cet événement; en abrégeant le séjour de Léon à Paris, l'éloignerait d'une influence qu'elle supposait encore redoutable. Aussi, lorsque l'état rassurant de madame d'Alpuis eut dissipé toutes les inquiétudes, Clémentine attendit-elle avec impatience la première occasion de se trouver avec son fiancé dans l'intimité qui leur était commune avant le départ de celui-ci. Ces premiers rapprochements justifièrent les pressentiments dont la jeune

fille avait été agitée pendant la courte absence de
Léon, et elle ne fut pas longtemps sans s'apercevoir
qu'il n'était pas revenu auprès d'elle comme il en
était parti.

Lorsqu'il s'interrogeait avec sincérité sur la nature
de ses sentiments, Léon ne pouvait s'empêcher de
reconnaître que Camille avait réellement cessé d'être
la rivale de mademoiselle d'Héricy. S'il avait, pendant son séjour à Paris, éprouvé quelque émotion auprès de sa maîtresse, cette émotion n'avait guère été
plus que le réveil d'un désir. C'était ce désir surtout
qui l'avait ramené chez Camille le soir de cette journée pleine d'incidents, dont le dernier avait été son
brusque départ dans un moment où il aurait voulu
rester. L'absence de sa maîtresse, et la presque certitude qu'il avait eue de sa présence ailleurs, avaient
porté au jeune homme un coup dont le ressentiment
s'était prolongé. Pendant quatre ans qu'il avait vécu
avec Camille, son amour pour elle avait été exempt
de jalousie, et, par une étrange contradiction, c'était
à l'instant même où il devait être le moins accessible
à ce sentiment qu'il en éprouvait les premiers effets.
Obligé de partir sans avoir vu Camille, il avait emporté un doute avec lui, et, depuis son retour à la
campagne, sa pensée jalouse était restée à rôder autour de cette maison voisine de celle de sa maî-

tresse. Tous les efforts qu'il tentait pour dissimuler ses préoccupations ne pouvaient échapper à la subtile pénétration de mademoiselle d'Héricy. Celle-ci, comme de coutume, alla faire ses confidences à la vieille tante. La bonne dame essaya d'abord de lui persuader qu'elle se trompait ; mais elle-même avait, depuis le retour de Léon, fait des remarques pareilles à celles de Clémentine, et, mal convaincue, elle ne pouvait donner à ses démentis l'accent de conviction qui eût rassuré la jeune fille.

Léon avait écrit à Francis Bernier pour le charger de quelques commissions qu'il n'avait pas eu le temps de faire pendant son séjour à Paris. Sa lettre se terminait hypocritement par ce post-scriptum : « A propos, donne-moi donc des nouvelles de la *petite* et de son chevalier, M. Théophile ou Théodore ; comment s'appelle-t-il déjà ? » Bernier ne put s'empêcher de sourire en recevant cette lettre. Il fit les commissions que Léon lui indiquait, et lui en rendit compte dans une réponse de six pages. En recevant cette lourde épître, Léon la supposa chargée des révélations provoquées par la question jetée à la fin de sa lettre comme un hameçon tendu à la confidence. Il courut s'enfermer chez lui pour la lire, et sentit que son cœur battait en brisant le cachet ; sa déception alla jusqu'au dépit lorsqu'il s'aperçut que Bernier ne l'avait pas compris, ou avait feint de ne pas le comprendre. Cette longue lettre était uniquement remplie de détails accumulés avec intention pour faire naître l'impatience et l'ennui. Elle se terminait également par un post-scriptum, aussi laconique que celui de Léon et ainsi conçu : « La petite va bien, et son chevalier va mieux. C'est Théodore, et non pas Théophile, qu'il s'appelle! »

Une nouvelle lettre vint relancer Bernier. Cette fois Léon n'avait point procédé par ambiguïté. « Je veux, disait-il, être instruit de toute cette histoire, au risque d'apprendre que j'y ai joué un rôle ridicule, que, du moins, je ne veux pas continuer davantage. J'aurai quelque regret, en quittant Camille, de constater qu'elle n'était pas exempte de cet instinct de duplicité commun à tant de femmes; mais, pour être tardive, la découverte ne sera pas moins utile. Je ne lui en veux, du reste, d'aucune façon : elle a fort habilement agi en me faisant croire jusqu'au dernier moment à la sincérité des regrets que lui causait notre rupture; mais elle aurait pu du moins s'épargner des protestations de fidélité à mon souvenir, puisqu'elle avait déjà songé peut-être aux éventualités de l'oubli. Tout ce que tu auras à m'apprendre, — et tu peux parler sans réticence, — ne modifiera en rien les dispositions que j'avais prises pour assurer à Camille une indépendance dont elle se hâtera sans doute de profiter, si elle ne l'a pas déjà un peu escomptée. Toi qui étais son familier, tu dois être au courant de ses petits secrets. Allons, conte-moi tout cela, et n'essaye pas de me faire prendre le change sur les relations de Camille avec M. Théodore. Voisin et voisine, on sait ce que cela veut dire. La première fois que tu verras Camille, présente-lui mes compliments et baise-lui la main de ma part, si toutefois cela ne contrarie pas trop M. Théodore, à qui je serais désolé d'être désagréable. »

Bernier était ce qu'on appelle ordinairement un garçon sérieux. Autant par caractère que par esprit de conduite, il ne revenait jamais ni sur ses paroles ni sur ses actes. Comme tous les gens qui, possédant une qualité, la proposent en exemple aux autres, il avait souvent reproché à Léon son manque de résolution, et surtout l'indécision dont celui-ci avait fait preuve dans sa rupture avec Camille. Aussi ne fut-il pas dupe du ton dégagé avec lequel Léon lui parlait de sa maîtresse ; mais, comme il avait perdu l'habitude de faire aucune concession à des faiblesses qu'il n'éprouvait plus, il répondit sans rien préciser, et de manière pourtant à justifier les inquiétudes transparentes qui se montraient sous l'indifférence affectée de Léon. « Je ne comprends guère, lui disait-il, l'utilité que peuvent avoir pour toi les renseignements que tu me demandes, et je cherche, sans trouver un motif raisonnable, comment expliquer ta curiosité. Je ne saurais, d'ailleurs, te renseigner avec beaucoup de détails : il m'a été impossible depuis quelque temps de négliger mes occupations pour aller me mêler de ce qui ne me regarde pas et de ce qui ne devrait plus te regarder. Tu parles de rôle ridicule... Tu en jouerais certainement un, à mes yeux du moins, si tu continuais à te préoccuper d'une maîtresse que tu abandonnes, autrement que pour lui souhaiter d'être heureuse, de quelque part que lui vienne son bonheur. Voyons, mon cher Léon, sois sérieux. Tu n'imagines pas, je l'espère pour ton bon sens et aussi pour ton bon cœur, que Camille va prendre le voile ou allumer un réchaud le jour de ton mariage. Quant à moi, j'ai mon opinion faite sur les conséquences du rapprochement que le hasard fait naître entre Camille et mon ami Théodore. Ils sont voisins, et, comme tu le dis, je crois que le voisinage suivra son cours. Eh bien ! qu'est-ce que cela te fait? lui ou un autre ! Tu es parti si précipitamment que nous n'avons pas pu causer de ces peintures dont tu m'avais parlé il y a quelque temps. J'avais l'intention de te proposer de partager ce travail entre moi et un de mes confrères auquel je m'intéresse beaucoup, ce qui ne serait pas une raison suffisante, peut-être, pour que tu te misses de moitié dans mon intérêt, si ce garçon ne possédait un talent très-sérieux. Je voulais te le présenter lors de ton passage à Paris ; un accident m'en a empêché. Mon confrère était allé ce jour-là se faire donner dans les bois d'Aulnay un très-joli coup d'épée dont il se relève à peine. Je suppose que tu as deviné qu'il s'agissait du voisin Théodore, et j'espère que la situation dans laquelle il se trouve vis-à-vis de toi ne sera pas un obstacle au travail dont je lui ai donné l'espérance. Réponds-moi donc à ce sujet, que je sache si je dois reparler de cette affaire à ce garçon, qui, par discrétion sans doute, n'ose pas m'en demander des nouvelles. Je ne te dissimulerai pas que je me suis assez avancé auprès de lui pour me trouver embarrassé si je devais revenir sur mes paroles. »

Les explications contenues dans cette lettre n'étaient pas de nature à satisfaire Léon dans la situation d'esprit où il se trouvait. Il avait cru, en écrivant à Bernier, rencontrer un de ces confidents qui possèdent l'art des contradictions heureuses, et s'attendait à l'entendre démentir des suppositions auxquelles la réponse de celui-ci donnait, au contraire, un caractère de probabilité. Le *qu'est-ce que cela te fait?* de

Francis à propos des relations qui pourraient un jour s'établir entre Camille et son voisin irritaient singulièrement Léon, et cette irritation, en donnant un nouvel aliment à sa jalousie, en modifia en même temps le caractère. Il ne se demanda plus seulement si Camille était retournée chez son voisin depuis son départ, mais, au contraire, si elle n'y avait pas été déjà auparavant. Se rappelant qu'autrefois il avait chargé Francis de préparer Camille à une rupture, il s'imagina que celui-ci, allant au delà de cette mission, avait amené volontairement entre Théodore et la jeune femme des rapports familiers qui remontaient à une date déjà ancienne. Parti de cette supposition, il passa en revue dans sa mémoire tous les faits qui, en apparence, étaient de nature à la justifier; il relut toutes les lettres que Camille lui avait écrites pendant son absence. Lorsqu'il arrivait à quelque passage où l'ennui d'un cœur tourmenté avait laissé échapper un reproche, il y voyait déjà la preuve d'une influence étrangère sur l'esprit de Camille, et ne faisait pas la réflexion que les lettres de sa maîtresse devaient naturellement se ressentir de la froideur que celle-ci rencontrait dans les siennes. Cédant à l'entraînement de cette jalousie rétrospective, il refusait d'admettre les preuves qui plaidaient pour Camille, et accueillait, au contraire, toutes les circonstances dont pouvaient s'armer ses soupçons. La promptitude de son départ l'ayant empêché de lui en faire connaître le motif, il s'étonnait que celle-ci ne lui eût pas écrit pour lui demander des explications, et ne se rappelant même pas qu'il l'avait priée de ne plus lui écrire chez son père, il attribuait le silence qu'elle gardait à l'indifférence, et surtout à la préoccupation que, dans sa pensée, devaient lui causer les suites du duel de Théodore. Convaincu par son propre réquisitoire, il arriva peu à peu à conclure que Camille, ayant le pressentiment d'une rupture prochaine, avait commencé à se détacher de lui au moment où il commençait lui-même à se détacher d'elle. Cette évidence, si laborieusement établie, lui fut d'abord tellement douloureuse, qu'il entreprit aussitôt de détruire tout son échafaudage de suppositions ; mais il s'aperçut bien vite que le soupçon n'est pas un hôte qu'on accueille et qu'on chasse à loisir. Ce fut alors qu'il écrivit à Camille cette lettre étrange :

« Ma chère enfant, il y a un proverbe qui dit que les absents ont tort ; je crois en avoir fait personnellement l'expérience pendant ma dernière absence, et peut-être même dans toutes celles qui l'avaient précédée. Tu m'as trompé, Camille ; je voudrais en douter, mais cela est bien difficile, car tout ce qui s'est passé à Paris à mon dernier voyage m'a suffisamment éclairé. Ma confiance en toi était sans bornes; il était donc facile d'en abuser, et il était bien difficile que tu n'en abusasses point, car ma trop grande indulgence et la trop grande liberté dont je te laissais jouir devaient avoir leurs dangers pour une femme aussi naturellement disposée à la légèreté que tu l'as été toujours. Cette désillusion me laisse un regret que le temps et d'autres affections plus sérieuses dissiperont sans doute. Aujourd'hui je ne te ferai point de longs reproches, et je ne te demanderai même pas de justification. C'est moins encore cette trahison qui me blesse que les circonstances qui l'ont accompagnée, et surtout l'absence de franchise dont tu as fait preuve avec moi lors de mon dernier voyage à Paris. Te rappelles-tu tes larmes, ta douleur, tes protestations, quand je te parlais de la possibilité d'une liaison future? Et cependant, cette liaison qu'il était permis de supposer pour l'avenir, elle avait déjà son prologue dans le présent. Il est évident pour moi que tes relations avec M. Théodore Landry étaient bien antérieures à mon retour à Paris. L'affaire de l'Opéra, les conséquences qu'elle a eues, et d'autres faits qui se sont groupés autour de mes doutes en ont fait une certitude. Ta présence même chez ce jeune homme à une heure où tu ne m'attendais plus chez toi révélait la nature de l'intérêt que tu lui portais, et a achevé de me convaincre. Je voulais absolument ne pas voir en toi une femme comme les autres ; ma présomption reçoit un démenti. La seule différence qu'il y ait entre les autres femmes et toi, c'est qu'elles sont ou moins habiles ou moins prudentes que tu ne savais l'être, car pendant quatre ans je n'ai jamais eu un soupçon. Il suffit que le doute pénètre une fois dans un esprit crédule pour le disposer à la défiance. J'ai donc quelque peine à croire maintenant que cette distraction de voisinage, patronée par Francis, ait été la seule où t'ait entraînée ta mobilité d'esprit. Voilà, mon enfant, une pensée qui gâtera sans doute les bons souvenirs que je voulais conserver de toi au delà même de notre amour, car si je lui ai dû de belles heures dans un autre temps, je ne pourrai oublier qu'elles ont pu aussi sonner pour d'autres. Ce que je n'oublierai pas non plus, c'est une promesse que je t'ai faite dans notre dernière entrevue. Tu pourrais craindre peut-être que les événements eussent apporté quelque changement dans mes intentions à ton égard. Rassure-toi, *tes petits intérêts ne sont pas compromis* et demeurent intacts malgré tout. Francis m'adresse à propos de votre ami commun, M. Théodore, une demande de travail qui aurait pour résultat de l'éloigner de toi pendant quelque temps. J'écris à Bernier pour lui exposer mes raisons de refuser ; mais, entre nous, la meilleure est que je ne veux pas troubler la douceur de ta lune de miel par une séparation aussi prompte. Je sais trop par expérience quels sont avec toi les dangers de l'absence et n'y veux pas exposer ton nouvel ami. Allons, ma chère enfant, ceci est bien notre dernier adieu. Je l'aurais souhaité meilleur ; mais ce n'est pas moi qui ai provoqué les circonstances. Après tout, ne vaut-il pas mieux qu'il en soit ainsi ? — Adieu. »

La lettre adressée à Bernier était, en d'autres termes, la répétition de celle qu'on vient de lire. Léon reprochait à Francis son manque de franchise avec lui, et s'y montrait persuadé que son ami avait prémédité entre Camille et Théodore un rapprochement qui n'avait pas attendu que sa rupture avec sa maîtresse eût laissé celle-ci libre de ses affections. « Il me semble, achevait Léon, qu'il est inutile de prolonger la comédie au delà de son dénoûment naturel, et je regrette que ton goût trop prononcé pour les initiatives t'ait poussé à prendre, sans me consulter, un engagement avec M. Landry, que je ne connais pas et ne veux pas connaitre. Je n'ai personnellement aucun mauvais vouloir contre lui, car il est dans cette aventure le seul auquel je n'ai rien à reprocher. Je n'accepterai cependant pas la proposition que tu me fais, et il faut toute l'ignorance de tact dont tu as fait preuve dans ces dernières circonstances pour avoir imaginé de créer des relations entre deux hommes qui se trouvent dans la situation où tu nous a placés en face l'un de l'autre en lui faisant connaître Camille. Une autre raison de convenance m'obligerait, d'ailleurs, à te refuser. Ce travail, qui amènerait sans doute M. Landry chez moi, pourrait le faire rencontrer avec son adversaire, qui est un des parents de ma fiancée. Il y a donc de toute façon impossibilité. Quant à toi, je t'attends toujours pour l'époque que tu m'as annoncée, et quand tu arriveras, ma rancune contre toi sera sans doute apaisée, car en ayant oublié Camille, j'aurai oublié en même temps le rôle singulier que tu auras joué dans notre rupture. »

Ces deux lettres étaient à peine sorties de ses mains, que Léon regretta d'avoir obéi à l'irrésistible emportement qui les avait dictées. Il sella un cheval, et courut après le domestique auquel il les avait confiées pour aller les jeter à la poste au bourg voisin.

Un incident sur lequel il n'avait pas compté devait empêcher Léon d'arrêter le départ de sa correspondance. Comme le domestique qui en était chargé arrivait au bourg de *** et se dirigeait vers le bureau de poste, il rencontra M. d'Alpuis, qui sortait d'une séance du conseil municipal. Le matin même, en partant pour ***, le père de Léon avait emporté le courrier de la famille. Son fils, qui ne voulait pas lui apprendre qu'il écrivait encore à sa maîtresse, ayant déclaré ne rien avoir pour la poste, M. d'Alpuis avait été un peu étonné en apprenant que Léon envoyait un messager spécial. Éprouvant une certaine défiance sur la nature d'un message qu'on avait voulu lui cacher, il avait demandé la remise des lettres, se chargeant de les faire partir avec les autres, et le domestique avait dû obéir à son maître. En voyant la lettre adressée à Camille, M. d'Alpuis avait froncé le sourcil. — Vous direz à mon fils que votre commission est faite, dit-il en congédiant le domestique.

Au même instant, Léon arrivait à franc étrier sur la place de la mairie, où il se trouva en face de son père et de son messager. M. d'Alpuis remarquant que le cheval monté par son fils était ruisselant de sueur, dit au domestique : — Vous ferez reposer cette bête et vous la ramènerez doucement au château. Mon fils reviendra avec moi dans la voiture. — Puis, se retournant vers Léon, il ajouta : — Quelle raison grave et pressante avais-tu donc pour surmener *Pyrame* ? Et si tu avais affaire ici, pourquoi n'es-tu pas venu avec moi ce matin ?

Léon, ne sachant quelle raison donner pour expliquer sa présence à ***, était assez embarrassé. Le visible mécontentement de son père l'inquiétait d'ailleurs, et il commençait à en soupçonner la cause, lorsque M. d'Apuis la lui expliqua lui-même en lui montrant la lettre destinée à Camille. — Je croyais lui dit-il assez sévèrement, que ton dernier voyage à Paris avait mis fin à une liaison qui a trop duré. Toi même tu me l'avais affirmé. J'éprouve quelque chagrin à voir que tu ne m'as pas dit la vérité, et que tu te préocupes encore d'une personne qui ne doit plus exister pour toi.

— Mon père, cette rupture est accomplie, définitivement accomplie.

— Cette lettre, cependant, répliqua M. d'Alpuis, semble indiquer le contraire.

— C'est un dernier adieu, balbutia Léon.

— Puis-je te croire aujourd'hui, reprit le père, puisqu'il y a trois semaines tu me disais déjà que cet adieu avait été prononcé? Je regrette que tu m'obliges à douter de ta parole; mais je veux savoir où tu en es véritablement, et puisque je ne puis l'apprendre de toi-même, les termes de cette lettre me l'apprendront peut-être.

Léon s'inquiéta en pensant que les reproches adressés à Camille allaient initier son père à une accusation de trahison qu'il n'osait lui-même porter avec assurance en ce moment, mais dont M. d'Alpuis ne douterait sans doute pas en la voyant si énergiquement formulée. Tant de fois il avait vanté sa maîtresse et s'était appliqué à la rendre intéressante quand on avait fait quelque tentative pour l'éloigner d'elle, qu'il redoutait les conséquences que pouvait avoir ce démenti donné brutalement par lui-même à la bonne opinion qu'on pouvait avoir de Camille. Ses craintes ne tardèrent pas à se réaliser.—Il a fallu beaucoup de temps pour t'ouvrir les yeux, lui dit son père quand il eut achevé la lecture de la lettre. Tu t'aperçois que cette femme, de laquelle on a eu tant de peine à te détacher, ne méritait pas tous les ménagements que tu as pris avec elle. La conclusion de ton roman est vulgaire après tant de poésie dépensée. Tu as été, comme tant d'autres, la dupe d'une créature rusée, qui a su t'abuser jusqu'au dernier moment, et qui se moque sans doute de toi, maintenant qu'elle a obtenu ce qui était le but de son hypocrisie...Enfant, grand enfant! acheva M. d'Alpuis en frappant doucement sur l'épaule de son fils.

Le jugement qu'il venait d'entendre porter sur sa maîtresse alarma Léon. Quelques mots échappés à son père lui faisaient craindre surtout que celui-ci ne voulût faire de ses préventions contre Camille un prétexte à revenir sur les dispositions qu'il avait récemment autorisées en sa faveur. Léon essaya donc de faire disparaître la mauvaise impression causée par cette lettre en avouant qu'il l'avait écrite sous l'obsession d'un doute accueilli trop promptement, mais qu'en réalité il n'avait aucune certitude que Camille eût jamais trompé sa confiance. — C'est parce que j'ai depuis réfléchi à cela que vous me voyez ici, mon père, ajouta-t-il. Je voulais arrêter le départ de cette lettre, qui peut causer un grand chagrin, si les reproches qu'elle contient ne sont pas justifiés, comme j'en ai maintenant le pressentiment.

— Je n'accepte pas cette contradiction, répliqua M. d'Alpuis, car je te connais assez pour savoir qu'un vague soupçon ne t'aurait pas entraîné si loin. Toutes tes protestations ne me persuaderont pas. Si tu reviens sur ta conviction, ce n'est qu'en apparence, et parce qu'il répugne à ton amour-propre de me savoir instruit du personnage niais que tu as joué auprès de cette femme dans les derniers temps, si tu ne l'as pas joué en tout temps. Mon opinion est faite comme la tienne à l'égard de ta maîtresse, et je trouve bon qu'elle la connaisse. Cette lettre lui sera donc envoyée, et lui apprendra que si le devoir et la raison la mettent à tout jamais hors de ta vie, le dédain et l'oubli la mettent aussi hors de ton cœur.

Léon fit auprès de son père une dernière tentative pour empêcher le départ de sa lettre. Il y avait dans ses paroles un accent de sincérité qui, malgré lui, pénétra M. d'Alpuis, et le convainquit que son fils, comme il le déclarait lui-même, en accusant sa maîtresse, avait obéi à un accès de jalousie qui l'avait entraîné jusqu'à la rigueur, et même à l'injustice. M. d'Alpuis ne laissa cependant point paraître qu'il fût intérieurement revenu à une meilleure opinion sur le compte de Camille. Décidé à profiter de toutes les circonstances que le hasard lui fournirait pour mettre fin aux irrésolutions de son fils, il ne voulut point renoncer à faire usage de l'arme qui était tombée entre ses mains. Il avait compris que si la maîtresse de Léon était réellement restée la femme à laquelle on était parvenu à l'intéresser autrefois, ce brutal congé, exprimé en des termes qui faisaient remonter le soupçon jusque dans le passé, porterait à son amour un de ces coups auxquels peu de passions survivent. Prévoyant que le jeune homme essayerait peut-être d'amortir ce coup en écrivant une autre lettre qui démentirait la première, son père exigea de lui l'engagement d'honneur qu'il cesserait toute correspondance directe ou indirecte avec Camille, et que c'était la dernière fois que le nom de celle-ci serait prononcé entre eux. — C'est à cette condition, ajouta M. d'Alpuis, que je ne reviendrai pas sur les dispositions qui ont été prises dans ton dernier voyage à Paris.

Léon donna sa parole, qui sauvegardait les intérêts de sa maîtresse, et, las de toutes ces luttes avec lui-même et avec les autres, il s'enferma presque avec joie dans une promesse qui devait immobiliser sa volonté.

XIV

Le surlendemain, Camille recevait la lettre de Léon. Cette explosion de reproches et de brutale ironie fut pour elle quelque chose de si inattendu, qu'elle ne comprit pas d'abord, et courut chez Bernier pour lui demander des explications. Celui-ci était précisément occupé à répondre à la lettre qu'il avait reçue de son côté. — Tenez, lui dit Camille en lui mettant sous les yeux un papier tout froissé, qu'est-ce que cela veut dire?

— C'est une circulaire, répondit Francis après avoir lu les premières lignes. Je viens d'en recevoir une pareille, voici ma réponse. Voulez-vous la copier? ajouta-t-il en lui montrant un court billet ainsi conçu : « J'aurais pu te répondre très-longuement, mais je préfère me résumer. Tu es bête. Mes compliments. »

Prenant une plume, Bernier ajouta à sa réponse

ce post-scriptum : « Camille vient de me montrer la lettre que tu lui adresses. Elle ne modifie pas mon opinion, ci-dessus exprimée. Seulement ta bêtise devient méchante. Sans compliments cette fois. »

Et comme Francis allumait de la cire pour fermer cette épître laconique, Camille, qui venait de relire la ettre de Léon, l'approcha de la bougie, où elle s'enflamma aussitôt, et la jeta dans la cheminée. Francis la regarda faire avec étonnement. — Je la brûle pour ne plus la lire, lui dit-elle, car si je la lisais encore une fois, je ne pourrais plus oublier ce qu'il y a dedans.

Et, tout en regardant le papier qui se consumait à ses pieds, elle ajouta tristement : — Je ne suis pas comme lui, moi. Je ne veux pas le détruire dans ma pensée.

Un courant d'air emporta les cendres de la lettre, qui s'envolèrent dans la cheminée. Un fragment de quelques lignes que la flamme n'avait pas eu le temps de dévorer était resté au bord du foyer. Camille se baissa pour le ramasser et le remettre au feu. Malgré elle, elle y jeta un dernier regard. C'était le passage dans lequel Léon, après lui avoir reproché sa trahison supposait qu'elle pourrait avoir des craintes sur l'exécution de sa promesse, et lui rappelait en termes ironiques que « ses petits intérêts demeuraient intacts malgré tout ! » — Oh ! dit Camille en froissant convulsivement le bout de papier et en le plaçant elle-même au milieu des charbons ardents au risque de se brûler, oh ! cela, c'est trop fort, ajouta-t-elle en se rappelant toutes les fiertés et toutes les délicatesses dont elle avait autrefois donné la preuve à son amant. Puis, s'isolant de Bernier, qui la regardait curieusement, elle continua, comme si elle eût parlé à Léon : — Tout le reste, tout, je l'aurais oublié ; mais cela !... Oh ! fit-elle en se frappant la poitrine à l'endroit du cœur, voilà un mauvais coup... Moi, cupide ! — Et se laissant retomber sur sa chaise, elle murmura : — C'est ignoble !

Camille fut tirée de ses réflexions par une question de Francis, qui jeta brusquement le nom de Théodore dans sa pensée. Ce nom ne parut lui causer aucun embarras. —Eh bien ? répondit-elle avec tranquillité.

— J'ai su par son médecin qu'il était complétement rétabli, et je m'étonne un peu qu'il ne soit pas venu me faire une visite. Il est donc bien occupé ? demanda Bernier avec une certaine insistance.

— Je l'ignore, lui répondit Camille avec la même indifférence. Je sais seulement qu'il est en état de sortir, car je l'ai vu passer dans la rue avec sa maîtresse.

15.

— Quelle maîtresse ? fit Bernier avec l'accent de la surprise.

— Mais, répondit Camille, une ancienne amie de M. Landry, mademoiselle Geneviève, je crois. Je l'ai trouvée un jour chez mon voisin comme j'allais savoir de ses nouvelles, et je n'y suis pas retournée depuis, car il allait déjà bien mieux, et mes visites auraient pu paraître indiscrètes à cette dame. Le jour où je les ai rencontrés ensemble dans la rue, je crois qu'ils allaient à la campagne, car M. Théodore avait un sac de voyage à la main. Elle est très-jolie, cette dame... acheva Camille. Et, s'étant levée, elle s'approcha de la glace pour rattacher les brides de son chapeau.

— Un moment, lui dit Francis, l'obligeant à se rasseoir. À quel propos Théodore a-t-il renouvelé connaissance avec cette ancienne maîtresse dont vous parlez ?

— Mais je l'ignore, moi, répondit naturellement Camille. Je me rappelle fort bien avoir rencontré cette dame à ce malheureux bal, et je sais qu'elle avait demandé à mon voisin la permission d'aller le voir. Il n'en paraissait pas très-ravi ce soir-là. Depuis, il a sans doute changé d'idée. Il n'y a pas que les femmes qui aient des caprices.

Bernier parut réfléchir un moment. — Voyons,

Camille, dit-il en prenant les mains de celle-ci et en paraissant solliciter la confidence, avouez-moi que vous avez eu une petite brouille avec le voisin Théodore. Hein?

— Je vois quelles sont vos suppositions, répondit Camille avec vivacité. Peut-être en avez-vous fait part à Léon, et c'est à vous que je dois d'avoir reçu cette odieuse lettre que je viens de brûler tout à l'heure.

— Je ne veux rien exagérer, continua Bernier, mais je crois avoir à son insu pénétré les sentiments de Théodore, qui est un garçon étrange. Les circonstances, qui ont coup sur coup amené un rapprochement entre vous et lui, pouvaient m'autoriser à faire cette supposition bien naturelle, que mon ami deviendrait amoureux de vous.

— M. Landry, reprit Camille, a eu le bon goût de ne pas se méprendre sur le sens de mes visites, et rien dans sa conduite avec moi n'a témoigné qu'il eût les intentions que vous lui supposez. Le retour de sa maîtresse auprès de lui en est, je crois, une assez bonne preuve.

— M. Landry, interrompit Bernier, est un garçon malin.

— Parlons d'autre chose, dit Camille. Mais en ce moment une visite survint, elle dit adieu à Francis et retourna chez elle.

Le soir où Camille, en quittant Théodore, avait appris que Léon était venu pendant son absence, elle avait été plus contrariée de ne pas s'être trouvée chez elle qu'inquiétée des suppositions que pouvait faire naître cet éloignement imprévu, dont elle comptait, d'ailleurs, faire connaître le motif au jeune homme, quand elle le reverrait le lendemain. Ne l'ayant pas vu revenir ni le lendemain, ni le jour suivant, et ne recevant pas de ses nouvelles, elle commença à s'alarmer et à comprendre qu'une circonstance imprévue avait hâté son départ et rendu sans doute leur séparation définitive. Elle songea d'abord à lui écrire, et s'abstint en se rappelant qu'il l'avait priée de ne pas le faire, par prudence. Elle commença donc l'apprentissage de sa situation nouvelle. Dans les premiers jours qui avaient suivi le duel de Théodore, les visites qu'elle lui faisait pour aller s'informer de son état avaient introduit dans ses journées quelques heures de distraction; mais lorsque la présence d'une autre femme lui eut fait supposer que ces visites pouvaient être indiscrètes et que cette unique occasion d'échapper à son isolement lui manqua, Camille commença à éprouver ce profond accablement de l'être qui succède aux grandes douleurs. Elle passait toutes les journées dans l'immobilité et le silence, incapable d'agir et de penser, obéissant à peine, par un reste d'instinct machinal, aux besoins de la vie, qui par instants semblait suspendue en elle. Tous les projets qu'elle avait formés avec Léon dans leur dernière entrevue étaient sortis de sa mémoire. Un jour, elle avait cependant annoncé à sa camériste que, sa position étant changée, elle allait être obligée de se servir elle-même et qu'elle ne pourrait pas la garder. Marie était de cette race en qui se continue comme une tradition l'intelligence subtile et rusée des Frontins en casaque et des Martons en cornette, dont la servitude dominatrice est un des caractères de l'ancienne comédie ; aussi pensa-t-elle que Camille, entraînée par ses habitudes, ne s'acclimaterait pas dans une situation embarrassée, que le hasard, s'il était habilement provoqué, pourrait rendre meilleure. Elle ne voulut donc pas la quitter, dans l'espérance que sa maîtresse lui saurait gré un jour de cette fidélité, qui, sous les apparences du dévouement, cachait un servile intérêt. Camille n'insista point pour le renvoi de Marie ; celle-ci, d'ailleurs, s'était faite la garde-malade de son chagrin, et sa présence animait au moins sa solitude.

Lorsque Camille revint chez elle après avoir quitté Bernier, elle était encore plus triste que de coutume, et rapportait la douloureuse impression que lui avait causée la lettre de Léon. Quand elle avait détruit cette lettre accusatrice, il était déjà trop tard pour qu'elle l'oubliât : au fur et à mesure que le feu la consumait, les caractères se gravaient dans sa mémoire, visiblement, profondément, éternellement empreints. Camille sentait instinctivement que son cœur venait de recevoir un choc qui y avait brisé quelque chose ; ses paupières étaient intérieurement brûlées par des larmes qui montaient jusqu'à ses yeux et n'en voulaient pas sortir ; mille pensées navrantes bourdonnaient dans son cerveau. Elle fut accueillie à son retour par la contradiction pénible et brutale d'un souci vulgaire. Marie lui montra un papier sur lequel il y avait des chiffres : c'était son compte. Elle avait dépensé tout l'argent qui lui avait été remis pour les besoins de la maison, elle avait fourni même, pour ne pas tourmenter madame, les quelques petites économies qu'elle avait pu faire à son service ; mais toutes les ressources étaient épuisées. — Madame m'a demandé ce matin la dernière pièce de dix sous qui me restait pour donner au joueur d'orgue. Voilà le compte, si madame veut vérifier, dit Marie.

— Vous savez bien que je ne compte jamais, répondit Camille.

— Il n'y a pas de quoi faire le dîner !

— Je n'ai pas faim, murmura Camille.

— Oui ; mais moi ! fit Marie naïvement. Passe encore pour aujourd'hui, mais demain !

— C'est vrai, ma pauvre fille, il y a demain.

— Et puis les petits enfants de demain, continua Marie dans son langage familier. Si madame voulait, il serait encore temps d'aller aujourd'hui chez le notaire de monsieur.

Le jour où Léon avait pris avec Camille un engagement que celle-ci avait accepté, Marie, qui écoutait aux portes, n'avait rien perdu de l'entretien des deux amants, et cette promesse du jeune homme n'avait pas été étrangère au dévouement consolateur qu'elle témoignait à sa maîtresse. Comme Camille lui demandait assez sévèrement comment elle était initiée à ce détail, la camériste lui répondit effrontément qu'elle le tenait d'elle-même, ce que la jeune femme n'osa contester, sachant qu'elle avait avec sa servante une malheureuse manie de confidence ; mais, au moment où on lui rappelait qu'elle avait accepté de Léon que celui-ci veillât sur ses besoins, elle se rappela en même temps les lignes de cette lettre qu'elle avait brûlée chez Bernier, et qui lui avaient semblé les plus cruelles qui fussent dans cette accusation. — De l'argent de lui, l'aumône de l'outrage, oh ! fit Camille se parlant à elle-même.

— Si madame veut se presser un peu, continua

Marie, qui marchait derrière sa maîtresse, elle trouvera l'étude encore ouverte. J'aurai le temps d'aller au marché, et je ferai à madame un joli petit dîner.

Camille ouvrit son armoire, y fouilla du regard, puis de la main, et, prenant son unique cachemire, elle le jeta à la camériste stupéfaite, en lui disant :

— Faites de l'argent avec ceci.

C'était la première fois que Marie trouvait dans sa maîtresse l'accent impératif de l'ordre : elle prit le châle et sortit. Comme elle revenait du Mont-de-Piété, elle rencontra en route une femme qui avait été la voisine de Camille dans la maison précédemment habitée par celle-ci. Cette femme était la même qui s'était vue quelques mois auparavant dans une position pareille à celle où Camille se trouvait actuellement. Marie l'aborda familièrement, et lui raconta le chagrin de sa maîtresse. En apprenant que Camille avait eu *son tour*, son ancienne voisine, éprouva ce contentement instinctif que le malheur d'une amie cause toujours à ces sortes de femmes. Camille, comparant l'amour sincère qu'elle avait pour Léon à des liaisons moins désintéressées, avait souvent laissé échapper sur les autres femmes des appréciations que celles-ci pouvaient trouver dédaigneuses. La voisine de Camille voulut profiter de la circonstance pour aller lui rendre quelques-unes de ces petites blessures d'amour-propre qui ne s'oublient jamais, les plaies faites à la vanité féminine étant incurables. Quelle belle occasion, d'ailleurs, pour faire un charitable étalage de consolations hypocrites!

— Oh! chère amie, comme je la plains! s'écria-t-elle en écoutant les doléances de Marie. Et comme celle-ci lui montrait la reconnaissance du Mont-de-Piété, elle ajouta en joignant les mains avec une pitié feinte : — Comment! elle en est là?... Mais pourquoi n'a-t-elle pas pensé à moi? Son pauvre petit cachemire, je le lui aurais bien acheté. J'ai de l'argent maintenant... beaucoup...

Et, ramenée avec une satisfaction visible à la misérable situation de Camille, elle s'écria avec un mépris grotesque en faisant allusion à Léon : — Mais ce cuistre ne lui a donc rien laissé en la quittant?

Marie raconta ce qu'elle savait des intentions de Léon pour Camille et le refus de celle-ci d'en profiter. La voisine fit à ce propos une réflexion très-profonde dans sa vulgarité. — Pauvre petite! dit-elle, elle aurait bien mieux fait de garder son châle et de se débarrasser de sa fierté, c'est un meuble qui coûte trop cher d'entretien. J'irai lui faire une visite, et je la conseillerai.

— Oh! oui, madame, interrompit Marie avec conviction, elle a bien besoin de conseils. Vous devriez venir la voir aujourd'hui. Je ferai un joli petit dîner, il y a longtemps que cela ne nous est arrivé...

La voisine suivit Marie; mais, au lieu de rester chez Camille, elle voulut l'emmener chez elle, car elle-même avait du monde à dîner. Camille résista d'abord, et céda ensuite aux sollicitations de sa voisine et de Marie, qui l'habilla malgré elle. Quand elle fut prête, elle demanda son châle. — Le voici, madame, répondit Marie en lui remettant la reconnaissance. Camille rougit, et prit dans son armoire un petit vêtement dont la simplicité devait faire un heureux repoussoir à la toilette luxueuse de son amie.

Comme elles allaient sortir, Marie prit la voisine a part : — Ah ! madame, lui dit-elle en désignant sa maîtresse, je vous en prie, tâchez qu'on la rende raisonnable.

Camille n'avait pas été prévenue par sa voisine que celle-ci l'avait remplacée dans le logement où elle avait vécu pendant quatre ans avec Léon. Elle fut péniblement surprise en y rentrant : le spectre du passé était venu lui en ouvrir la porte. La voisine fut accueillie bruyamment par les convives, parmi lesquels se trouvait l'amant du jour, un demi-grand seigneur qui avait mis, tout jeune, le feu aux quatre coins de son patrimoine et était parti laissant tous les huissiers de Paris chercher dans les cendres. L'un des premiers, il s'était enrôlé dans cette émigration qui attire depuis quinze ans, vers les Eldorados nouvellement découverts, toutes les misères hasardeuses et toutes les cupidités inassouvies du vieux continent. Retroussant galamment ses manches, il avait plongé ses mains patriciennes dans les boues dorées du Sacramento. Après une absence de trois ans, il revenait en France ramenant un galion et affamé de corruption civilisée. Son retour avait été signalé par toutes les vigies du parasitisme parisien. Depuis un mois, il vivait dans une société de gens ingénieux qui, n'ayant jamais eu ni nom, ni fortune, ni profession avouable ou avouée, confondent habilement leur existence avec celle des gens qui possèdent un nom, une fortune ou une profession. S'il les traitait un peu comme un homme qui a vécu avec les nègres, ses amis ne se plaignaient pas et provoquaient volontiers des offenses auxquelles ils savaient faire succéder de généreuses excuses. L'un d'eux lui avait fait connaître la voisine de Camille, avec laquelle il était seulement en relations depuis quinze jours, presque entièrement passés autour de sa table.

La maîtresse de Léon eut d'abord du regret d'avoir accompagné son amie. Elle dut cependant, par politesse, assister à l'inventaire de toutes les richesses dont celle-ci venait d'être récemment comblée. Avant de la faire dîner, on lui fit, pour ainsi dire, compter les assiettes. Le repas fut bruyant et non pas gai. Si l'on y servit des primeurs, l'esprit, du moins, n'en faisait pas partie. L'amphitryon avait rapporté de ses courses aventureuses des habitudes qui attestaient son contact avec des gens grossiers, — et, par servilité, ses convives semblaient se frotter contre lui pour les lui emprunter. Les vins, bus immodérément, commençaient à dégager dans les cerveaux leurs fumées capiteuses, et les propos de cette table, qui ne ressemblaient pas à ceux de Martin Luther, rappelaient à Camile cette nuit de bal masqué où, pour la première fois, elle avait été initiée au langage et aux mœurs d'un certain monde.

Le dessert ayant pris une allure bachique qui l'embarrassait, Camille se leva sous prétexte d'aller prendre un peu l'air, et entra dans la chambre de son amie, qui l'accompagna. Au temps où elles s'étaient connues, cette femme n'était pas encore ce que l'avait faite son existence actuelle. S'étant jetée plutôt par désœuvrement que par goût, elle avait cédé à des entraînements qui avaient fini par lui créer de nouvelles habitudes, qui s'étaient naturalisées besoins. Un carnaval avait suffi pour faire son éducation. Camille lui rappela l'époque où elle vivait heureuse d'un bonheur moins bruyant et moins brillant, mais plus intime.

— Ne regrettez-vous pas ce temps-là? lui demanda t-elle.

— Non, répondit son amie. Le regret est une plante amère, et vous ferez comme moi, vous vous lasserez de la cultiver.

Et, comme elle entendait la voix de son amant qui l'appelait, elle rejoignit ses convives en laissant Camille seule. Au milieu du choc et des éclats, celle-ci reconnut la voix de sa voisine qui chantait une chanson de taverne qu'on lui avait demandée. — Vous ferez comme moi! murmura Camille en se rappelant les dernières paroles que lui avait dites son amie en la quittant. Celle-ci avait été interrogée par ses convives à propos de Camille. Les renseignements qu'elle donna devaient faire supposer que l'abandon et le chagrin de la jeune femme étaient en quête d'un consolateur. Un des convives quitta la table et rejoignit Camille.

Celle-ci aurait pu oublier qu'elle se retrouvait dans un lieu qui, jadis, avait été l'endroit favori des causeries intimes et des heures amoureuses, car un autre ameublement et une décoration nouvelle avaient changé l'aspect de cette pièce. Une trace visible du passé vint lui rappeler qu'elle l'avait habitée avec Léon. Dans les premiers temps de leur liaison, revenant un jour d'une promenade à la campagne, ils étaient entrés dans cette chambre, furtifs comme des gens qui emportent un trésor et s'y étaient enfermés pour le compter. La soirée s'était achevée au coin du feu, près d'un petit guéridon sur lequel ils avaient dressé eux-mêmes un de ces soupers d'amoureux où les meilleures friandises ne sont pas sur la table. Un verre de ces vieux vins qui font l'amour jeune avait animé Camille, qui, pour la première fois, avait senti la passion déborder dans la tendresse. Obéissant à un de ces enthousiasmes soudains qui sont la reconnaissance du bonheur, Léon avait voulu éterniser le souvenir de cette soirée, et il en avait gravé la date sur une des colonnes de marbre de la cheminée. C'était cette date qui venait de tomber sous les yeux de Camille, et avait réveillé en elle tous ces souvenirs de l'amour qui lui avaient fait dire un jour que cette chambre était le pays où son cœur était né. Comme elle avait les yeux fixés sur cette date, presque aussi triste pour elle en ce moment qu'une épitaphe gravée sur une tombe, elle fut troublée dans sa rêverie douloureuse par la voix d'un homme qui s'approchait d'elle et lui murmurait des madrigaux de dessert.

Camille l'écoutant à peine et ne lui répondant pas, il pensa que son silence était peut-être une provocation à se montrer plus persuasif, et, s'étant agenouillé auprès d'elle, il s'empara de l'une de ses mains, qu'il porta à ses lèvres avec une galanterie équivoque. Cette entrée en matière tira brusquement Camille de son rêve du passé. Elle se leva aussitôt, et par son attitude protesta contre une familiarité à laquelle elle n'était pas habituée; mais intérieurement elle fit la réflexion que c'était, depuis sa rupture avec Léon, la seconde fois qu'on se méprenait auprès d'elle, et se demanda si à l'avenir elle aurait le droit de s'offenser de ces méprises, puisqu'elle-même semblait venir au-devant en se laissant entraîner dans des lieux où son isolement pouvait les autoriser.

Le jeune homme paraissant disposé à ne point la laisser seule, elle rentra dans la salle où se trouvaient les convives. Un tapis avait été jeté sur la table, et sur le tapis on mêlait des jeux de cartes. En voyant entrer Camille, son amie lui montra une place auprès d'elle et lui dit : — Malheur en amour, bonheur au eu ; mettez-vous là, vous gagnerez.

Camille refusa, disant qu'il était tard, et qu'étant fatiguée, elle désirait se retirer. On voulut la retenir, mais elle insista. Pendant qu'elle faisait ses préparatifs de départ, aidée par son amie, sur l'initiative de l'amphitryon, les convives tiraient à la plus belle carte lequel d'entre eux serait le cavalier de Camille. L'as omba à l'un des hommes qui pendant la soirée s'était montré le plus réservé dans son langage et sa tenue. Camille eût préféré s'en aller seule ; mais l'heure était bien avancée, et il lui semblait difficile, d'ailleurs, de refuser l'offre qui lui était faite avec beaucoup de convenance. Elle prit donc le bras qu'on lui offrait, et suivit son cavalier sans savoir qu'il lui était donné par le hasard. Elle n'eut pendant la route aucune raison pour regretter d'avoir accepté sa compagnie, car il se montra avec elle aussi courtois que peut l'être un homme bien élevé avec une femme qu'il rencontre pour la première fois ; mais, comme elle était arrivée à sa porte et se disposait à le remercier de l'avoir accompagnée, son cavalier, arrêtant la main qu'elle portait au bouton de sa sonnette, lui demanda très-tranquillement un rendez-vous, protestant qu'il lui serait agréable qu'elle le fixât prochainement, car il était sur le point de partir pour un voyage. — Et je serais bien heureux, ajouta-t-il, si je pouvais emporter avec moi un souvenir d'une aussi charmante personne.

Cette demande, faite sur un ton de politesse exquise, étourdit Camille, et, pendant un moment, la pétrifia au point qu'elle resta au seuil de sa porte, ne songeant même pas à agiter la sonnette pour se faire ouvrir. Le jeune homme attendait sa réponse avec une sécurité parfaite, et, pensant qu'elle serait peut-être plus à l'aise, si elle était moins pressée, il tira une carte de son portefeuille et la lui glissa dans la main en lui disant très-doucement : — Voici mon adresse. La nuit porte conseil, vous réfléchirez.

Comme il achevait, une voiture s'arrêta à la porte de la maison voisine, et Camille en vit descendre Théodore, un sac de voyage à la main. Celui-ci l'avait reconnue, car elle se trouvait sous la lumière d'un bec de gaz; mais, la voyant accompagnée, il fit semblant de ne pas la voir. Le premier mouvement de Camille avait été d'appeler son voisin ; puis, se souvenant de la scène de l'Opéra et des conséquences qu'elle avait eues, Camille redouta une nouvelle intervention de Théodore, et craignit surtout que le jeune homme ne fît la remarque qu'elle se trouvait bien souvent dans une circonstance pareille à celle où il avait cru devoir intervenir déjà. Elle se contint donc, et ce fut seulement lorsque la porte de la maison voisine se fut refermée sur Théodore, qu'elle froissa la carte que le jeune homme lui avait remise, et pour unique réponse la jeta à ses pieds. Celui-ci ne parut aucunement s'émouvoir; il alluma un nouveau cigare à celui qui venait de se consumer, et s'éloigna après avoir salué respectueusement Camille, mais sans lui adresser d'excuses.

Marie montra quelque surprise en voyant rentrer

sa maîtresse, qu'elle n'attendait plus. Comme il était deux heures du matin, elle venait de se coucher, en se disant : — Allons, si madame ne rentre pas, c'est qu'elle devient raisonnable.

Avant de se renfermer dans sa chambre, Camille ouvrit la fenêtre qui donnait sur la cour, et remarqua qu'il y avait de la lumière dans l'atelier de son voisin, qui parut lui-même à sa croisée, où il resta un instant à fumer. Était-ce machinalement, ou avait-elle voulu lui prouver qu'elle était seule chez elle ? Camille ne se rendit pas compte du sentiment qui l'avait amenée à sa fenêtre ; mais en l'y voyant apparaître, et bien qu'elle y fût restée une minute à peine, sa présence avait suffi pour faire revenir Théodore sur un doute qu'il préférait voir hors de son esprit. Théodore revenait de chez son parrain, où il était allé passer quelques jours pour se remettre complétement de sa blessure. On avait voulu le retenir plus longtemps à la campagne, mais il avait prétexté des travaux qui le rappelaient à Paris. Il avait, d'ailleurs, la nostalgie de son *chez lui* — et des environs.

XV

Lorsque, après son duel, Théodore, étant revenu à l'état lucide, avait trouvé Camille assise auprès de son lit, il n'avait vu d'abord dans sa présence chez ui qu'un rapprochement accidentel; mais il n'avait pas tardé à prévoir quelles en pourraient être les conséquences si ce rapprochement se prolongeait. La visite de Camille était chaque jour attendue avec moins de tranquillité, et les heures qu'elle passait auprès de lui paraissaient chaque jour à l'artiste s'écouler plus rapidement. Théodore, prenant l'alarme, avait consulté son fameux thermomètre moral, qui, à son insu, s'était progressivement élevé à un degré auquel il l'avait rarement vu atteindre. Qu'il fût amoureux de sa voisine, Théodore n'en douta plus.
— Par où diable cet amour-là a-t-il pu entrer? se demandait-il avec l'étonnement d'un homme qui croyait

son cœur hermétiquement fermé au retour de toute passion. — Peut-être par cette brèche, imagina Théodore regardant un jour la cicatrice de son coup d'épée. qui commençait à se fermer.

S'il trouva d'abord un certain charme à reconnaître qu'il lui était encore possible d'être amoureux, cette découverte le fit bientôt réfléchir profondément. Ce qu'il savait de Camille par Francis Bernier, ce qu'il avait pu apprendre dans l'intimité que les circonstances avaient amenée entre eux ne lui permettait pas de confondre sa voisine avec les aimables créatures dont la mobilité de cœur réalise l'utopie du mouvement perpétuel, et auxquelles on peut sans danger proposer un petit tour de sentiment. Théodore, prévoyant qu'une liaison avec Camille l'entraînerait au delà des limites de l'aventure, résolut de ne pas laisser au plaisir qu'il éprouvait à la voir le temps de devenir une habitude, qui deviendrait elle-même un besoin. Ce fut alors que l'idée lui vint de rappeler auprès de lui cette ancienne maîtresse, la frileuse fugitive de sa tour du Nord. Il espérait que sa présence réveillerait non pas l'amour qu'il avait eu jadis pour elle, mais, au contraire, des souvenirs qui, en lui rappelant une des époques les plus troublées de sa vie, fortifieraient la résolution qu'il avait prise d'écarter de lui toute circonstance de nature à la troubler de nouveau. En mettant Geneviève en face de Camille, il évoquait le passé pour effrayer l'avenir. Son ancienne maîtresse était accourue avec assez de bonne grâce, ignorant que son retour n'était qu'une combinaison dont le premier résultat avait été d'éloigner Camille ; mais après quelques visites elle se rappela les paroles que Théodore lui avait dites au bal de l'Opéra, et reconnut en effet qu'en venant toucher « aux choses fragiles du passé, » elle les brisait sous sa main. Le jour où Théodore était parti pour la Normandie, en le quittant au chemin de fer, où elle l'avait accompagné, elle lui avait dit adieu, et non pas au revoir. Pendant les quelques jours qu'il avait passés à la campagne, Théodore s'aperçut que si l'absence l'éloignait de Camille, elle n'en rapprochait pas moins celle-ci de sa pensée, et s'alarma tout de bon. Puis la réflexion lui vint que le voisinage était peut-être pour quelque chose dans cette préoccupation de la voisine, et il supposa qu'en détruisant la cause, il pourrait peut-être en paralyser les effets. Ce fut du moins la raison qu'il se donna à lui-même un matin pour être à Paris le soir et donner congé de son atelier dans les délais exigés par l'usage.

Telles étaient les dispositions d'esprit dans lesquelles se trouvait Théodore à son retour de la campagne. La rencontre imprévue de Camille et l'impression que lui avait causée sa présence tardive dans la rue, le singulier bien-être que lui avait fait éprouver ensuite sa courte apparition à sa croisée, étaient autant de symptômes significatifs qui justifiaient ses craintes et devaient maintenir Théodore dans sa résolution. En revenant de chez son amie, Camille n'avait pas dormi, et pendant que Théodore réfléchissait aux dangers du voisinage, elle réfléchissait aux dangers de l'isolement. Le souvenir de sa soirée lui était resté dans l'esprit. Sans doute elle sentait en elle une invincible répugnance pour cette existence au milieu de laquelle un besoin de distraction l'avait déjà entraînée ; mais était-elle bien sûre que ce besoin de distraction ne deviendrait pas lui-même un jour aussi invincible que cette répugnance même ? N'avait-elle pas eu sous les yeux l'exemple de cette femme qui s'était en quelques mois habituée à vivre dans une atmosphère viciée ? pouvait-elle répondre d'elle-même, et, poussée par l'ennui, ne pourrait-elle pas, elle aussi, se laisser entraîner au courant, y être attirée même par la nécessité, cette puissante attraction au mal ? A cette pensée, qu'un jour viendrait peut-être où un homme qu'elle ne connaîtrait pas pourrait lui parler comme on lui avait parlé dans cette soirée, et qu'elle serait obligée de ne pas lui répondre comme on répond à un outrage, Camille se sentit frissonner tout entière, et toutes les menaces de l'avenir vinrent épouvanter son imagination. Cependant à quoi se rattacher pour ne pas glisser dans l'abîme? Dans quelle affection fortifier l'instinct de résistance aux tentations de la solitude, de l'ennui et de la misère ? Le jour où Léon lui avait dit qu'un autre amour pourrait plus tard le remplacer dans son cœur, Camille avait protesté avec la sincérité de son cœur, alors plein de l'amour qu'elle avait pour lui; elle croyait que le souvenir qu'il y laisserait serait suffisant pour garder la place : elle en doutait maintenant que la blessure qu'il avait faite à ce souvenir était tellement douloureuse qu'elle eût préféré l'oubli. Elle eut pendant une heure un de ces désirs qui ouvrent dans l'âme une entrée au désespoir. Jetant un regard éperdu vers tous les horizons de sa vie, elle vit le regret, la misère ou la honte partout, l'espérance nulle part. Elle pensa un moment à mourir, mais cette pensée seule lui fut plus cruelle que la mort : une soudaine rébellion de jeunesse la rattacha à la vie, quels que dussent en être les hasards.

La résolution prise par Camille de ne rien accepter de Léon était trop enracinée dans sa fierté pour qu'elle pût être ébranlée; mais elle songea que cette fierté lui permettait du moins d'utiliser les conseils qu'il lui avait donnés dans leur dernière entrevue.

Elle pensa qu'elle pourrait répondre dignement à sa lettre si, le rencontrant un jour et lui tendant sa main hâlée par le travail, elle lui prouvait que, sans profiter de ses dons, elle avait su vivre d'elle-même, que si la Camille du présent n'était plus celle du passé, c'était seulement parce qu'elle avait cessé de l'aimer. Si cette idée de demander sa vie au travail lui avait été inspirée par les dangers de l'oisiveté, Camille ne l'eût peut-être accueillie qu'avec défiance, sachant combien elle était peu courageuse en face d'un changement d'habitudes; mais, par cela même que cette résolution était puisée dans son orgueil, elle sentit qu'elle n'y renoncerait pas, et qu'elle la mènerait jusqu'au bout avec cette obstination passionnée que toute femme applique à l'accomplissement d'un projet qui a l'amour-propre pour base et la vengeance pour résultat.

A six heures du matin, Camille, assise à sa table, faisait encore des calculs. Bien qu'il eût peu dormi, Théodore se levait à la même heure. Comme il ouvrait sa fenêtre, il aperçut ses amis les oiseaux qui commençaient à courir sur les toits, et faisaient leur toilette matinale aux premiers rayons du soleil.

— Mes pauvres pensionnaires! si je déménage, pensa-t-il, il faudra que je leur donne mon adresse.

Ramené par cette idée au motif qui lui faisait

ployer sa tante, Théodore songea que s'il allait la planter dans ce même quartier, autant valait ne pas s'en aller. Pour que son éloignement fût sérieux, il fallait créer l'éloignement de la distance. Il se rappela que Bernier, qui demeurait à une lieue, lui avait souvent dit que son quartier était plein d'ateliers. Théodore, ayant d'ailleurs besoin de voir Francis pour lui parler de la commande que celui-ci lui avait fait espérer, se décida à aller chez lui. En passant devant son concierge, il lui signifia son congé pour le demi-terme.

Théodore trouva Francis au travail, selon son habitude, et celui-ci lui causa une déception visible en lui apprenant qu'il n'avait pas à compter sur la commonde. — Pourquoi? demanda Théodore.

— Parce que.... répliqua Francis, et il lui montr la lettre que Léon lui avait écrite.

— Ainsi, dit Théodore en riant, votre ami refuse d'encourager les arts parce qu'il suppose que je suis actuellement l'amant de son ancienne maîtresse, et surtout parce qu'il suppose que je l'étais avant qu'il l'eût quittée. Eh bien! alors ce monsieur serait bien surpris s'il savait ce qui se passe!

— Que se passe-t-il? fit Francis.

Théodore lui fit part de son projet de déménagement et du motif qui le portait à s'éloigner de Camille.

— Ainsi, demanda Bernier, vous êtes amoureux d'elle ?

Théodore prit un morceau de craie et écrivit sur la muraille en lettres colossales : — Oui !

— Eh bien ! dit Francis, si cela est ainsi, quand vous demeurerez de ce côté-ci de l'eau, vous passerez votre vie dans l'omnibus qui va de l'autre côté. Restez donc là-bas, allez !

— Mais songez donc que mon thermomètre est à quarante-cinq degrés, répondit Théodore ; c'est une chaleur intolérable.

La conversation prit entre les deux amis une tournure sérieuse, et fournit à Théodore l'occasion de s'exprimer clairement à l'égard de Camille. Il avoua sans réticences les sentiments qu'elle lui inspirait, et fit connaître avec la même sincérité les véritables raisons pour lesquelles il refusait de s'abandonner.

— Vous savez, dit-il, quelle est ma position : j'ai mon avenir à faire ; ma petite personne m'est souvent assez lourde sur les bras, et je ne puis pas me permettre d'y ajouter le fardeau d'une autre existence. L'entrée d'une femme dans la vie d'un artiste est un élément de discorde entre lui et l'art. Les poëtes, qui sont des farceurs solennels, appellent leurs maîtresses ou leurs femmes des muses aux blanches ailes ; mais, dès qu'ils veulent travailler, ils prient la muse de s'envoler. J'en connais un, moi qui vous parle, qui faisait de l'art à l'époque où il aimait Gothon quand il la rencontrait; maintenant il fait du métier parce qu'il obéit aux inspirations d'une muse qui ne peut faire son ménage qu'en robe de moire antique. Après cela, il est vrai que si Gothon n'est pas toujours jolie, elle est presque toujours bête, et que ce n'est pas gai de vivre seul.

— Après? demanda Francis.

— Après! c'est tout, répliqua Théodore. Si j'avais de la fortune ou de l'aisance, ou seulement quelque chose de plus que rien, je céderais peut-être à l'attraction qui m'entraînerait vers une femme que j'aimerais sérieusement; mais dans les conditions où je me trouve et où se trouve celle dont nous parlons, je résiste. En vivant avec votre ami, Camille a pris des habitudes que je ne pourrais satisfaire : du pain tous les jours et de la galette le dimanche, voilà tout au plus ce que je pourrais lui offrir.

Francis expliqua brièvement à Théodore que Léon, en quittant sa maîtresse, avait pris des dispositions qui assuraient en partie l'existence de celle-ci.

— Raison de plus, répliqua le jeune homme. Vous allez me qualifier de puritain, d'extravagant, de tout ce qu'il vous plaira; mais je n'ai jamais compris de transactions entre l'amour et l'amour-propre. Il me répugnerait souverainement d'entendre Camille me dire à la fin du mois : « Je vais chez mon notaire. » Je n'ai pas de notaire, moi. J'ai dit du pain et de la galette, mais à la condition que je fournirais la farine. Et maintenant, indiquez-moi où je pourrai trouver des logements dans les prix doux.

— Tenez, dit Francis, levant le store de son atelier, allez dans la maison en face, elle est couverte d'écriteaux.

Théodore alla visiter les logements, et demanda s'il n'y en avait pas qu'on pût occuper tout de suite.

Il y en avait un, mais trop petit pour qu'il pût l'habiter. Il en arrêta un plus convenable, qui était seulement vacant pour le demi-terme. Il retourna chez Bernier pour lui faire part de sa location.—Dans un mois et demi, je serai votre voisin. Je viens de louer en face, cinquante francs de moins que dans mon quartier, et un étage de plus. Quand le temps est clair, avec de bons yeux et de l'imagination, on voit la mer. Vous avez du monde, ajouta-t-il en remarquant que Francis l'avait reçu dans la première pièce.

— Oui, répondit celui-ci d'un air singulier, je suis en séance.

— Adieu! dit Théodore. Je cours donner mon congé à mon ancien logement. N'est-ce pas, au fond, que j'ai une bonne idée de me sauver de ma jolie voisine?

— Très-bonne.

— Si par hasard elle vient vous voir, reprit Théodore, et que mon petit drapeau bleu soit à la fenêtre, vous sonnerez un peu du cor. Je saurai qu'elle sera ici, et je monterai comme par hasard. Cela me fera plaisir de savoir de ses nouvelles, et surtout d'apprendre qu'elle est heureuse.

— A moi aussi, cela me ferait plaisir, répondit Francis.

Et il ajouta en riant : — Seulement je ne pourrai pas vous avertir quand j'aurai la visite de Camille. J'ai un cor de chasse, mais je ne sais pas en jouer.

— Ni moi non plus; mais c'est égal, je vous apprendrai. Adieu, je me sauve.

— Qui était là? demanda Camille à Bernier lorsque celui-ci rentra dans son atelier, où il l'avait vue arriver une minute après que Théodore en était sorti.

— Personne... Vous disiez donc? dit-il en s'asseyant auprès d'elle.

— Où en étais-je? fit celle-ci en cherchant à se rappeler à quel endroit elle en était restée du récit qui venait d'être interrompu.

— Vous en étiez à : Et alors...

— Ah! oui, reprit Camille... Et alors il a été convenu que je donnerai à ma patronne trois cents francs, contre lesquels elle me nourrira pendant six mois et

17

m'apprendra à broder assez proprement pour que je puisse entrer dans un magasin. En supposant qu'il me faille un an pour faire mon apprentissage, j'aurai toujours assez d'argent pour attendre que je puisse en gagner; puisqu'on doit me donner demain quinze cents francs de mon mobilier.

— Pourquoi le vendre ? interrompit Bernier.

— Vous êtes bon, dit Camille; et où voulez-vous que je trouve de quoi organiser ma petite existence? Pour renvoyer Marie sur-le-champ, il a fallu compter avec elle. Et si je compte très-mal, elle compte très-bien. Pour déménager tout de suite, il a fallu payer mon terme en sortant, et puis une foule d'autres frais... Ça coûte très-cher à Paris pour être malheureuse.

— Malheureuse! fit Bernier; mais Léon a pris des précautions pour que vous ne le fussiez pas.

— Monsieur Léon, répondit Camille, a perdu le droit de s'occuper de mon avenir en accusant mon passé, et j'aurai cessé d'être malheureuse le jour où je l'oublierai.

— Pour que la besogne soit plus facile, il faut vous faire aider, interrompit Francis.

Camille ne répondit pas, elle ne put voir dans cette parole qu'un propos en l'air. Après avoir retracé complétement le programme de sa vie nouvelle, elle pria

Francis de l'accompagner pour chercher un petit logement dans son quartier.

— Pourquoi quitter le vôtre ? demanda Bernier

— Il est trop cher pour moi, dit-elle, et, d'ailleurs, il faut que je me rapproche de mon travail.

— Tenez, répondit Francis en levant de nouveau le store de son vitrage, allez donc dans cette maison en face ; il y a beaucoup d'écriteaux ; peut-être y trouverez-vous votre affaire. Je ne puis pas me déranger. Vous viendrez me dire si vous avez loué.

Camille sortit et revint une demi-heure après. — Après-demain je serai votre voisine, lui dit-elle. J'ai trouvé, où vous m'avez indiqué, un logement vacant et très-mignon d'où on a une vue magnifique.

— Oui, je sais, la mer... quand il fait beau et qu'on a de l'imagination, interrompit Bernier.

— C'est bien un peu haut et c'est bien un peu petit, continua Camille ; mais je ne conserve que ce qui est indispensable de mon ancien mobilier. Comme je suis un peu paresseuse, il faudra venir me réveiller le matin pour que je n'arrive pas trop tard à mon ouvrage.

— Je vous jouerai un air de chasse, dit Francis lui montrant sa trompe.

— Vous savez donc en sonner ?

— J'ai un ami qui doit m'apprendre.

— Je vous dis adieu, fit Camille. Je retourne chez

moi me reposer un peu. J'ai fait tant de courses et tant de choses depuis ce matin, que je suis horriblement fatiguée, et j'ai encore un bon bout de chemin d'ici chez moi.

— Prenez une voiture.

— Ah! non, fit Camille; il faut commencer à faire des économies.

Comme elle allait le quitter, elle revint sur ses pas et lui dit : — A propos, M. Théodore est revenu de la campagne.

— Bah! dit Francis jouant l'étonnement.

— Si j'étais sûre de ne pas le déranger, j'irais lui dire adieu avant de quitter le quartier.

— Ne lui dites pas adieu; dites-lui au revoir, répondit négligemment Bernier.

— Au fait, interrompit Camille, quand je serai chez moi le dimanche toute seule, s'il vient chez vous, vous me préviendrez : je monterai ici sans en avoir l'air, en voisine. Moi, je l'aime assez, ce garçon; il me fait rire.

— Camille, Camille, c'est une déclaration cela, dit Bernier en feignant de prendre un air grave.

— Oh! pas du tout, pas du tout, allez! D'ailleurs, vous savez bien qu'il a repris son ancienne maîtresse, répondit Camille en serrant la main de Francis, qui la reconduisit jusqu'à la porte.

XVI

Au commencement de l'automne suivant, un dimanche matin, Théodore, vêtu en habit de campagne, se promenait avec une apparence d'impatience dans l'atelier de Francis, qui parcourait les lettres que son domestique venait de lui monter. — Tenez, dit Bernier, lui passant un billet de faire-part venu de la province.

— Ah! fit Théodore mettant, après l'avoir lu, le billet sous un tas de gravures : il est inutile qu'elle voie cela.

— Appelez-la donc encore, dit Francis : elle nous fera manquer le convoi.

Comme Théodore s'était mis à la fenêtre et commençait une fanfare, une petite voix essoufflée se fit entendre dans l'antichambre : — Me voilà, me voilà!

— Arrivez donc, paresseuse! nous sommes déjà en retard, dit Bernier à Camille, qui venait d'entrer dans l'atelier. Ainsi que les deux artistes, celle-ci était en habit de campagne. Un petit chapeau de paille simple, orné d'un ruban clair et doublé intérieurement de soie rose, encadrait son visage, où brillait la santé, où se reflétait le contentement d'une âme heureuse et gaie. Un col blanc tout uni entourait son cou, dont la pâleur mate était piquée d'un signe brun, et sa robe en coutil gris, amplement étoffée, bouffant en gros plis à l'entour de sa taille fine, dégageait les élégances d'un corsage plein dont le relief se révélait naturellement sans s'accuser. Elle avait aux pieds d'étroites bottines d'étoffe grise qui faisaient, lorsqu'elle marchait, un petit bruit de chaussure neuve, et dont le talon semblait battre, en sonnant sur le parquet, une mesure impatiente et joyeuse. Camille portait sur le bras un petit mantelet pareil à la robe, et le seul luxe apparent de son frais uniforme était ses gants, de jolis gants d'une nuance tendre, qui étaient de la famille de la pantoufle de Cendrillon, et que, par une innocente coquetterie, elle se plaignait de ne pouvoir mettre sans qu'elle fût aidée.

—Vous êtes belle, lui dit Francis après l'avoir

examinée comme pour lui procurer l'innocent plaisir que toute femme éprouve d'une admiration qu'elle sait même banale.

— Mais, dit Camille en étirant les plis de sa jupe, c'est ma belle robe à manger de la galette. Et, fouillant dans sa poche, elle en tira un petit paquet soigneusement enveloppé, qu'elle tendit au jeune homme en lui disant : — Tenez, voici toujours un nouvel à compte sur votre douzaine.

Francis, ayant développé le petit paquet, y trouva un mouchoir de batiste, au coin duquel son chiffre était finement brodé.

— Est-ce assez joli ? demanda Camille.

— Il y a progrès sur la première demi-douzaine ; mais vous y avez mis le temps !

— Dame ! dit Camille, je ne peux travailler que le soir, en rentrant de mon magasin, et encore je n'en fais guère.

— A qui la faute ? dit Francis en souriant et en désignant Théodore.

— Allons, interrompit celui-ci, en route ! — Et, comme Camille restait immobile et semblait réfléchir au milieu de l'atelier, il lui dit en la prenant doucement par le cou : — Eh bien ! qu'est-ce que tu attends ?

— Je suis sûre que j'ai oublié quelque chose, répondit-elle gaiement.

— Toujours oublieuse ! fit Théodore.

— Ah ! répondit Camille avec un accent de reproche amical, si j'oublie quelquefois, est-ce à vous de vous en plaindre ?

FIN.

www.ingramcontent.com/pod-product-compliance
Lightning Source LLC
Chambersburg PA
CBHW071141160426
43196CB00011B/1964